JN076513

マドンナメイト文庫

素人告白スペシャル 働く人妻 夜の出勤簿

素人投稿編集部

第一章　働く人妻が牡を欲して発情するとき

第二章　豊満熟女の甘美なぬかるみに嵌まり

※投稿者はすべて仮名です

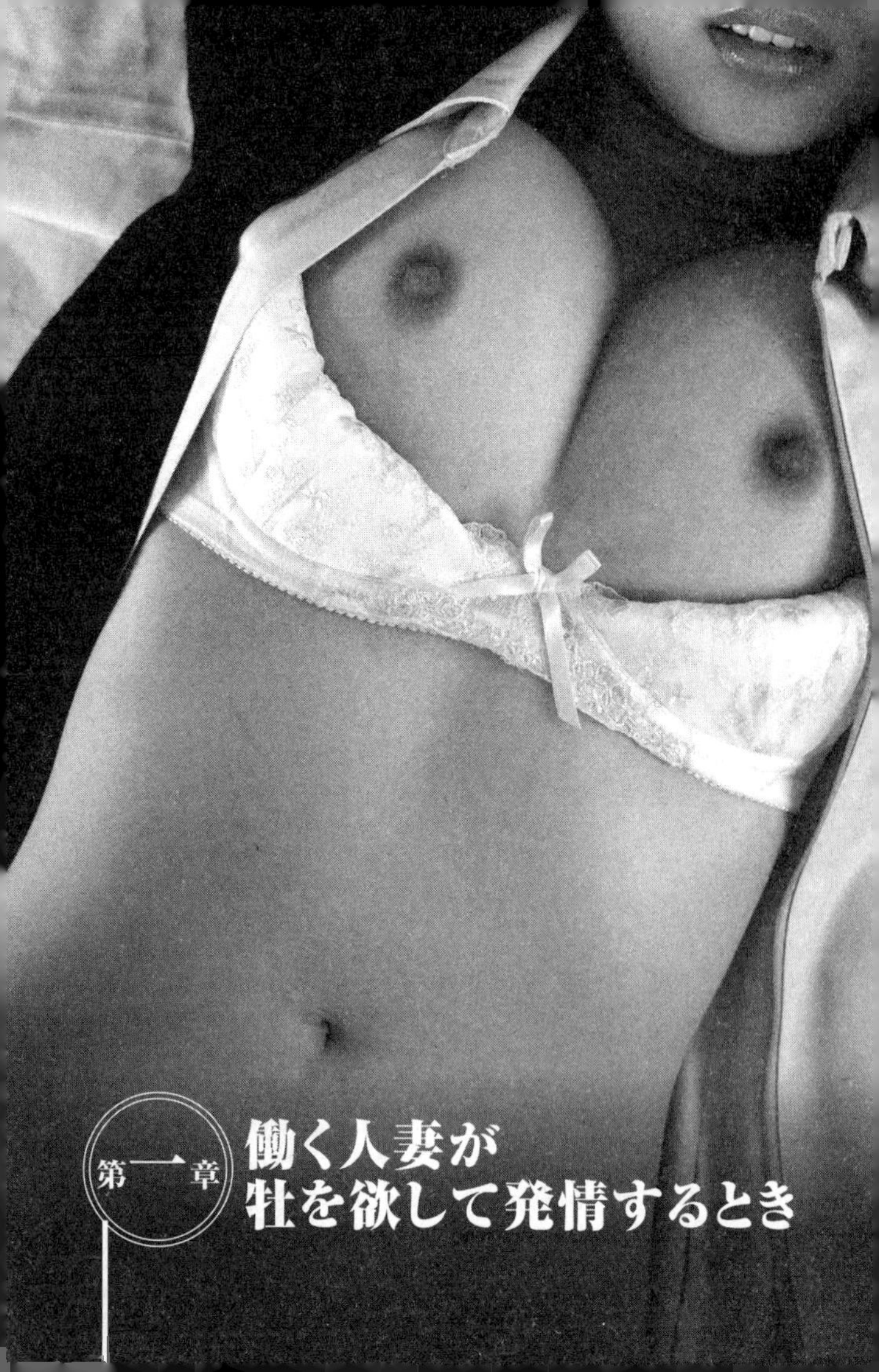

第一章 働く人妻が牡を欲して発情するとき

健康チェックと称しおち○ちんを咥え込み保険契約を取りつけるヤリ手熟女外交員

高坂道夫　会社員・三十五歳

　私は三十五歳になる会社員です。まだ独身で、安月給で生活にあまり余裕がなかったこともあり、生命保険には入っていませんでした。そんな私を心配して母親が、いざというときのために保険に入っておくようにとしつこく言ってくるんです。

「死亡保険金は安くしておけばいいから、医療保険には絶対に入っておきなさい」

　そう強く言われると、断ることはできませんでした。でも、保険なんてどれがいいのかわかりません。私がそう訴えると、母は「私の知り合いが保険外交員をやってるから、紹介してあげるわ」と言うのです。

　母は最初からそのつもりだったようです。たぶん、その人から、誰か紹介してくれと頼まれていたのでしょう。でも、まったく知らない人よりは、母の知り合いのほうが安心だろうと思い、「じゃあ、頼むわ」と返事をしました。

一週間後の日曜日の昼過ぎに、その保険外交員の女性が私のアパートを訪ねてきました。ドアを開けてその人を見た瞬間、私は思わず息を呑みました。保険外交員は美人が多いという印象があるのですが、彼女もまたかなりの美人でした。

年齢はたぶん五十歳ぐらいでしょうか。私の母より少し若いぐらいだと思いますが、スーツを着て、バッチリと化粧をしていて、匂い立つ色気がすごいんです。

「○○生命の坂木優美《さかきゆうみ》と言います。本日はよろしくお願いします」

「あっ、こちらこそ、よろしくお願いします」

情けないことですが、私は三十五歳になっても女性に対してほとんど免疫がないので、しどろもどろになりながら優美さんを部屋の中に通しました。といっても六畳一間のアパートなので、私のふだんの生活スペースで、いつも食事をとっているローテーブルに向かい合って座ることに。

彼女いない歴三十五年になるので、当然のことながら女性がこの部屋に入るのは初めてです。密室で色っぽい女性と二人っきりというのもすごく居心地が悪くて、どうしてファミレスか喫茶店で会うことにしなかったのかと後悔しました。

だけど、優美さんはそんなことまったく気にする様子もなく、ローテーブルの上にパンフレットを広げて保険の説明を始めました。

優美さんはムッチリとした体つきで、スーツの上からでもバストはかなりのボリュームだということがはっきりとわかります。私はその胸が気になり、保険の説明を聞きながらも、まったく頭に入ってきません。

「このプランがお勧めです。いかがですか？」

そうたずねられて、私は優美さんの胸を見つめていたことに気づき、あわてて目を逸《そ》らしました。少しぎこちない空気が流れましたが、優美さんは事務的に話を続けます。

「独身の男性でしたら、とりあえずこちらのプランに加入していただき、今後、ご結婚されてご家族が増えるなどといった場合にはこちらのプランに移行するというのがベストかと」

そう言って優美さんが差し出したパンフレットをのぞき込むと、私は思わず溜め息を洩らしてしまいました。そこには現実的な問題が横たわっていました。

「う～ん。これだとちょっと月々の支払い金額が……」

安月給のために、その額を毎月払うのはきついというのが正直なところでした。

「そうですか……」

優美さんはパンフレットに視線を落として黙り込みました。重苦しい沈黙が流れ、どうしたものかと思っていると、優美さんが視線を上げて私の目をじっと見つめました。その顔がさっきまでとは少し違っているんです。ビジネスライクな保険外交員の顔から、女の顔に変わったという気がしました。

女に縁のない私がそんなことを言うのは少しはばかられますが、それでもはっきりと伝わってくるんです。そして、優美さんは思いきったように言いました。

「もし今日契約していただけるなら、特別なサービスをつけさせていただきますが、いかがでしょう?」

私の股間がムクムクと力を持ちはじめました。本能的に、それが性的なサービスだと感じたのです。だけど、そんなはずがないと、私の理性がすぐに打ち消しました。保険外交員は契約の代わりに性的なサービスをするという噂を聞いたことがありましたが、そんなのは都市伝説に違いない。それか、官能小説やAVといったフィクションの中の話に決まっています。だけど私は、期待を込めて優美さんにたずねてしまいました。

「特別なサービスって、どういうのでしょうか?」

唾液が大量にわいてきて、それを飲み込んだ拍子にゴクンとのどが鳴りました。

「それは……健康チェックです」

そう言うと優美さんはジャケットを脱ぎました。下には白いブラウスを着ていたのですが、その胸元はボタンが弾け飛びそうになっています。やはりかなりの巨乳のようです。

「どうですか？　健康チェックしてみませんか？」

「えっ……でも……」

これは誘われているのだろうかと思いながらも、やはり確信は持てません。優美さんは母の知り合いなのです。もしも勘違いだったときに、私が卑猥なことをしようとしたと母に伝わってしまうかもしれません。

そう思うと、やはり私は躊躇《ちゅうちょ》してしまうのでした。

「失礼ですが、高坂《こうさか》さんの性生活はいかがですか？」

「……せ……セックスのことでしょうか？　そんなものは私には……」

私は首を横に振りました。

「それなら、ぜひ、この機会に健康チェックをしてみましょうよ。もちろんお母様には絶対に話しません。そのかわり、私の会社にも秘密にしておいてくださいね。この件がバレるとクビになってしまいますから」

「……」

もうまちがいありません。優美さんは保険の契約の代わりにその熟れた豊満な体を差し出してもいいと言っているのです。

「そ……そうですね。じゃあ、健康チェックをお願いしようかな」

私はかすかに震える声でそう言いました。

「では……」

ホッとしたような笑みを浮かべると、優美さんはブラウスのボタンをはずしはじめました。二つはずしたところで胸の谷間が露《あらわ》になり、三つはずすとピンク色のブラジャーが見えました。同時に優美さんの体から濃厚な牝の匂いが立ち上り、狭い部屋の中に充満していきます。私は食い入るように優美さんの胸を見つめつづけました。

「そんなに見られると恥ずかしいわ」

不意にくだけた口調で言うと、優美さんはブラウスを脱ぎ捨てました。上半身はブラジャーだけという姿です。優美さんの肌はとても白くて陶器のようになめらかでした。

「ああ……すごくきれいです」

溜め息を洩らすように私が言うと、優美さんは照れくさそうに笑いました。

「お世辞でもうれしいわ。じゃあ、もっとがんばらなくちゃ」

優美さんはその場に立ち上がり、タイトスカートのホックをはずし、ジッパーをおろしました。そして、手を放すと、スカートがストンと足下に落ちました。

パンティストッキングをはいた下半身というのは、あまりグラビアなどでも見ることがありませんから、なんとも言えないなまなましさでした。

「これも脱いじゃいますね」

そう言うと優美さんは私に背中を向けて、パンティストッキングを脱ぎはじめました。そのときに私にお尻を突き出す格好になりました。

胸が豊満な優美さんは、お尻もかなりの大きさです。私はじっとお尻を見つめてしまいました。すると、チラッとこちらを向いた優美さんが「いやん」とかわいらしい声を出して、その場に座り込んでしまったんです。

少し残念な気持ちになりましたが、次に優美さんの口から出た言葉を聞いて、また興奮が一気に高まりました。

「じゃあ、健康チェックをしますから、高坂さんも服を脱いでもらっていいですか？」

すでに優美さんはブラジャーとパンティという姿です。男の私が恥ずかしがっているわけにはいきません。

「は、はい」

私はその場に立ち上がり、シャツとズボンを脱ぎ捨てました。あとはボクサーパンツだけを身につけた姿です。その股間は生地が伸びきってしまうほど、大きく盛り上がっていました。

「じゃあ、健康チェックお願いします」

仁王立ちしたまま、私は優美さんに言いました。

「それも脱いでもらえます？」

「いや、最後の一枚は優美さんに脱がしてもらえないかなと思って……」

私ももう三十五歳です。恋人いない歴は実年齢と同じですが、プロ相手には何度か経験がありました。まるで童貞の小僧のように、優美さんに完全リードされるのはいやだったのです。

私の言葉に優美さんは一瞬、意外そうな表情を浮かべました。でも、すぐにまた少し照れたように微笑みながら、その場に膝立ちになりました。

「わかりました。では、脱がしますね」

そう言って私のボクサーパンツのウエスト部分に指を引っかけ、ゆっくりと引っぱりおろしはじめました。先端が引っ掛かりましたが、それでも構わず優美さんが脱がすと勢いよくペニスが跳ね上がり、下腹に当たってパン！　と大きな音が鳴りました。

「はあぁ……すごいわ」

「どうですか？　ぼくの健康状態は？」

そうたずねて、私は下腹に力を込めてビクンビクンとペニスを動かしてみせました。

「あぁ、なんて元気なのかしら。でも、見ただけじゃわからないから失礼しますね」

優美さんは両手で大切そうにペニスをつかみ、ゆっくり上下に動かしはじめました。

「あっ……ううう……そ……それ、気持ちいいです」

気持ちよすぎて、私は両拳をきつく握り締めました。そうやって力を込めると、勃起したペニスにも力がみなぎってしまうんです。

「はあぁん、すっごく硬いわ。あれ？　先っぽから何か出てきた!?」

それは我慢汁です。それぐらい私は興奮してたんです。相手はさっき会ったばかりの美人保険外交員なんです。こんなAVみたいな状況になるとは想定していませんでした。

優美さんは亀頭に顔を近づけ、我慢汁をぺろりと舐めました。しかも、上目づかいに私の顔を見つめながらです。

「ううっ……気持ちいいです」

「うふっ……じゃあ、これならどう？」

優美さんは大きく口を開けて、パンパンにふくらんだ亀頭を口に含みました。そして、口の中の粘膜でねっとりと締めつけながら首を前後に動かしはじめました。

「あっ、ううう……す……すごいです。あああ……」

私は仁王立ちしたまま、必死に耐えました。そんな私の顔を見上げながら、優美さんはおいしそうにペニスをしゃぶりつづけるんです。

「うぐぐ……はぐぐぐ……うっ、ぐぐぐ……」

ときおりむせ返りそうになりながらも、優美さんは口の中の粘膜で私のペニスをヌルヌルと締めつけてくれます。だけど、三十五歳の男の欲望は底なしです。私はさらなる要求をしてしまいました。

「優美さん……。ううっ……オッパイを……オッパイを見せてもらえませんか?」

「んん?」

ペニスを口に咥えたまま優美さんは私の顔を見つめ、わかったわとでも言うようにうなずいてみせました。そして、背中に腕を回してブラジャーのホックをはずしたんです。

カップをはねのけるようにして大きな乳房がゆさりと揺れ、両腕からブラジャーを引き抜くと、ツンととがった乳首が露になりました。

興奮のあまり、ペニスがピクンピクンとひとりでに動いてしまいます。すると、優美さんはしゃぶる勢いを激しくしはじめました。ジュパジュパと唾液が鳴り、オッパイがゆさゆさ揺れるんです。

「ああっ、すごい……あああ、なんてエロいんだろう。うう……」

私がよろこびの声を洩らすと、優美さんはさらなる快感を与えようとするかのように、私の睾丸を右手でもてあそびはじめました。それはまさに未知の快感でした。

「ううっ……そ……それ、変な感じです……はううう……」

私はみっともない声を洩らしながら、体をもぞもぞさせてしまいました。

そんな私の反応に気をよくしたのか、優美さんのフェラチオはさらに激しくなってきました。ジュパジュパといやらしい音を鳴らしながらしゃぶりつづけ、唇の端から溢れ出た唾液がオッパイにポタリポタリと滴《したた》り落ちるんです。

その様子がいやらしすぎて、私の興奮は一気に高まっていきました。

「あっ、ダメです、優美さん……あううっ……それ以上されたら……ううっ……もう出ちゃいますよ。ああううっ……」

もう限界はすぐそこです。私はあわてて優美さんの口からペニスを引き抜こうとしました。でも、優美さんは私の太ももに腕を回して抱き締めるようにして、さらに激しくペニスをしゃぶりつづけるんです。

「ああっ、ダメです。うう……もう……もう出ちゃいます。はっ、うううう!」

情けない声を出した瞬間、私の尿道の中を熱い精液が勢いよく駆け抜けていき、優美さんののど奥目がけて迸り出ました。

「うぐぐっ……」

優美さんは私のペニスを咥えたまま、きつくまぶたを閉じました。その苦しげな顔を見ながら、私はドピュンドピュンとさらに射精を繰り返してしまうのでした。

「あぁ……優美さん、すみません。ぼく、とんでもないことを……」

射精が収まると、私はペニスを引き抜き、優美さんに謝りました。

口の中に射精してしまったのです。汚いと怒られてしまうのではないかと不安になりました。反省の気持ちを表すように、ペニスは一気に萎《しぼ》んでいきました。

でも、優美さんの行動は私の予想とはまったく違うものでした。優美さんはほてった顔を私に向けて唇を閉じ、のどを鳴らして口の中の精液をすべて飲み干したんです。

「えっ? 飲んでくれたんですか!?」

驚いてたずねる私に、優美さんはぺろりと口の周りを舐めてから言いました。

「だって、健康チェックですもの。高坂さんの精液、なかなか濃厚で健康そのものって感じですね。なんだかお腹の中が温かくなってきたわ」

優美さんはお腹をなでてみせました。大きなオッパイがやわらかそうに揺れ、それを見た私のペニスはまたムクムクと力をみなぎらせていき、まっすぐに天井を向いてそそり立ってしまいました。

「まあ……いま、あんなにいっぱい出したばかりなのに。ほんとうにすごいわ。だけど、今度は高坂さんの味覚チェックをさせてもらってもいいかしら？」

「……味覚チェックですか？」

それがどういうテストなのかわかりませんでしたが、やはり卑猥な行為には違いないと思い、私のペニスはもう張り裂けそうなほど大きくなってしまうんです。

そんなペニスを横目で見ながら、優美さんはパンティを脱ぎました。そしてベッドであおむけになり、私を手招きするのです。

「さあ、こちらへ。味覚チェックをしましょう」

「は……はい……」

私はベッドにのぼり、優美さんの足下に座りました。すると優美さんは妖艶な笑みを浮かべながら両脚を左右に開いていくんです。そして、両膝を抱えるように持ち、これでもかと陰部を突き出してきました。

「優美さん……すごくきれいです」

私は溜め息のような声で言いました。色白の肌から想像できるとおり、優美さんの陰部はきれいなピンク色なんです。しかも、まだ私はなんの愛撫もしていないというのに、優美さんのそこは濃厚な愛液にまみれてヌラヌラ光っているのでした。

私のペニスをしゃぶり、精液を飲んだことで、興奮してしまっていたようです。

「マン汁がすごいことになってますね」

私が言うと、優美さんは恥ずかしそうに顔をそむけました。

「そんなこと言わないで。このポーズ、かなり恥ずかしいんですよ。さあ、味覚チェックです。舐めてもらえますか？」

「もちろんです。しっかり味わわせてもらいますよ」

私は四つん這いになり、犬が餌を食べるときのように優美さんの股間に顔を埋《うず》めました。そして割れ目の端から端までぺろりぺろりと舐めてあげました。

「はあぁぁん……ど……どうですか？　どんな味がします？」

「うう……おいしいです。すごく濃厚な味がします。あああ、たまらないです。でも、この体勢は舐めにくいから、ちょっと失礼しますね」

私は優美さんの両膝裏に手を添えて、グイッと押しつけました。

「あああん……これ……はあああん……恥ずかしいわ」

優美さんはマングリ返しの体勢になりました。私は優美さんの膣口から直接、ジュルルッと音を鳴らしてマン汁をすすりました。

「あっ、いや。その音、恥ずかしい。はあぁん……」

恥ずかしがりながらも興奮しているのは、マン汁の量が一気に増したことからもわかります。膣口がヒクヒクとうごめき、クリトリスはもうパンパンにふくらんでしまっていました。

さっきフェラでイカされたお返しをしなくてはなりません。私は包皮を押しのけるようにして顔をのぞかせているクリトリスに食らいつきました。そして、チューチューと音を鳴らして吸い、舌先で転がすように舐め回してあげました。

「あああんっ……そ……そこ……あああん、気持ちいい。はあう、ぐうう……」

優美さんのうれしそうな声を聞いた私は、さらに激しくクリトリスを舐めしゃぶりつづけました。

「あっ、ダメ、ダメ、ダメ……はあああ……イクイク……イッちゃう。はあぁん！」

そう絶叫すると優美さんの体がビクンと跳ね、私は弾き飛ばされてしまいました。

私が体を起こすと、優美さんはベッドの上でぐったりと横たわり、全身ではあはあと苦しげな呼吸を繰り返していました。

「イッたんですね？　おいしいマン汁をいっぱい出しながらイッたんですね？」

私は優美さんの足首をつかんであおむけにしました。すると優美さんはガニ股でだらしなく股を開いたまま言うんです。

「ええ、そうなの。すごく気持ちよかったわ。だけど、今度はアソコの奥がヒクヒクしてて、強い刺激を欲しがっているの」

まるで膣口がしゃべっているかのように、ヒクヒクと収縮を繰り返し、私の挿入を催促するんです。

「じゃあ、入れますよ、優美さん、いいんですね？」

「ええ、来て」

優美さんは私に向かって両手を差し出しました。その間に飛び込むようにして、私はペニスの先端を膣口に添え、そのまま体を押しつけていきました。

パンパンにふくらんだ亀頭がヌルリとぬかるみに埋まり、私はさらに奥のほうまでペニスをねじ込みました。

「あぁん、入ってくるぅ……」

優美さんは下から私を抱き締め、切なげな声で喘ぎました。と同時に温かな粘膜がペニスをねっとりと締めつけてくるんです。

それはさっき味わったばかりのフェラチオよりも数倍強烈な快感でした。うっとりと目を閉じて、膣粘膜の快感にひたっていると、優美さんが苦しげな声で言いました。

「あぁぁぁん、すごく奥まで届くのね。ねえ、そのまま子宮口をグリグリしてみて」

「こうですか？」

私はしっかりと奥までペニスを挿入した状態で、円を描くように腰を動かしました。

すると優美さんが、驚くほど激しく反応してみせました。

「あっ……そ、そうよ。はあっ……そこ……そこ……あああぁん、もっと……もっとしてぇ……」

いままでそんなふうに動かしたことは一度もありませんでしたが、私は言われるまま亀頭で円を描きつづけました。

「ああんっ……すごく気持ちいいわ。高坂さん、とってもじょうずよ」

私は優美さんがよろこぶ様子をもっと見たくて、円を描く動きに抜き差しするピストン運動を加え、膣壁全体をくまなくこすりつづけました。すると優美さんが快感を覚えるのと同じように、私も亀頭を子宮口にこすりつけるその動きで猛烈に感じてしまうんです。

さっき大量に射精したばかりだというのに、私はすぐに射精の予感に襲われました。

「あぁぁっ、ダメだ。もう……ううう……優美さん、ぼく……また……」

「あぁぁぁん……いいわ……はああっ……私もイキそうよ。いっしょに……いっしょにイキましょ。あああっ……中に出してもいいから。あああん……はあああん……」

優美さんのオマ○コの中に射精する。そのことを考えたとたん、私は一気に限界を超えてしまいました。

「ああっ……優美さん……もう……もう出る！　あううう！」

私がそう叫んだ瞬間、尿道を熱い思いが一気に駆け抜けていきました。

「私も……私もイク〜！」

優美さんの膣壁がきゅーっと収縮し、ペニスを引きちぎらんばかりに締めつけました。その狭くなった膣道にさらに数回抜き差しして、私はドピュンドピュンと射精しつづけたのでした。


私はもちろん優美さんが勧めてくれたプランの生命保険に加入しました。そして、オプションとして、月に一度の健康チェックをお願いすることにしたんです。毎回、口とアソコで私の精液の量と濃さと味をチェックしてくれるということなので、これでこの先充実した性生活を送れそうです。

若い従業員に女の体を教えてあげたくて夜の工事現場でペニスを弄んだ挙げ句……

小松祐子　食品メーカー勤務・四十歳

私が「女」になったのは大学に入学してからです。十九歳のときでした。相手はちょっと背伸びして選んだバイト先、ライブハウスのマスターでした。あとで知ったのですが、その人は私の父親と同い年でした。その影響なのか、その後も独身時代の私はかなり年上の男性としか、セックスの経験がなかったのです。ですから、性行為は男性がリードするものと思い込んでいた気がします。

口にするのも恥ずかしいのですが、セックスは大好きです。ふと気づくと、仕事中でもいやらしいことを考えていることがあります。

でも、気に入った男性をホテルに誘うとか、ベッドの上で男性を愛撫するとか、そういう行動は自分には無理だと思っていました。エッチなことをしたいのに、私は、いつも男性がしてくれるのを待っていたのです。

それは結婚してからも同じでした。毎晩、夫の隣で待ち望んでいました。したい気持ちを我慢しようと思えば思うほど体がほてり、ドキドキしていました。

その反動というわけでもないのでしょうが、四十路が近づくにつれて、すごく大胆な行動ができるようになりました。自分でも驚いてます。

私はもう何度も、若い男の子を誘惑しては、いやらしいことをしているのです。

きっかけは二年前でした。勤めている食品メーカーが自社商品のアンテナショップとして、オフィス街にカフェを出店することになったのです。

私はコンビニチェーンなどへの営業を主としながら、女子向けの商品開発にも関わってきたので、カフェの責任者に抜擢《ばってき》されました。準備期間は半年。

ターゲットは若いOLさんたちなので、彼女たちの興味をひくためにもアルバイトの従業員はウェイトレスよりもウエイター、それもイケメンがいいだろうということで、大学生を中心に若い男子をたくさん採用することにしました。

アルバイト求人サイトに募集広告を出すと、たくさんの応募がありました。もちろん私が一人ひとり面接をしたのですが、そのときから不思議な感覚でした。

ずっと私は年上の男性が好きだと思っていたのですが、目の前で緊張している若い男の子が発散してくるフェロモンにドキドキしてしまいました。まじめな顔で面接しながら、私は、彼らに異性としての魅力を感じていたのです。

それはさておき、カフェは予定どおり一年半前にオープンすることができました。アンテナショップなので市場調査と商品開発に役立てば、さほど売り上げは重要視されていないのですが、営業的にも好調なすべり出しだったので、私は心からホッとしました。会社の評価も上々で鼻高々の気分もあったと思います。

私が採用したアルバイト従業員の若い男の子たちも一所懸命に働いてくれました。カフェが人気になったのは彼らのおかげでもあるので、ほんとうに感謝しました。ですから私は、時給以外のところでも何かしてあげられないかと考えたのです。

昔に比べれば豊かな世の中だといっても、いつの時代も若い男の子、特に学生のうちは貧乏なものです。なのに食欲は旺盛ですから、食事をお腹いっぱい食べさせてあげるのがいちばんうれしいんじゃないかと思いました。

カフェのメニューは女子向けの軽食やスイーツが中心ですが、本格的なキッチンにプロ仕様の道具が揃っています。それらを活用すれば、食材を調達するだけで大量の料理を作ることができます。それを客席スペースで食べることもできます。

そこで私は、「カフェの閉店後に従業員同士の懇親を兼ねて食事会を開催したら参加したいと思いますか？」と匿名《とくめい》のアンケートをとってみました。

すると、ほとんどのアルバイト従業員が「参加したい」と答えてくれました。

さっそく私は店舗を使わせてもらうことと、営業利益の中から食材費などの必要経費を支出する許可をもらうために、会社に交渉しました。すると会社から、支出は売り上げ金額の三パーセントまでという条件でオーケーが出たのです。食材を買うだけなら十分な予算でした。そうして隔週金曜の食事会が始まったのです。

カフェの営業は午後六時までなので、それからアルバイトのみんなが客席を片づけている間に、厨房のみなさんにふだんとは違うボリュームたっぷりの料理を作っていただいて、午後七時ぐらいから二時間ほどの食事会です。アルバイトは二十歳以上を採用していたので、ビールやサワー、ワインなども用意しました。

回を重ねるごとにみんなリラックスして、ざっくばらんな飲み会の様相を呈していきました。私も男の子たちと仕事に関係のない話ができてすごく楽しかったんです。

そして、それは食事会が始まって三カ月ぐらいたったときのことでした。

回数にすると六回目か七回目の食事会だったと思います。私が端のほうの椅子に座って、若い男の子たちの食欲をうれしそうに眺めていると、拓実《たくみ》くんという二十歳の大学生がやってきて隣の椅子に座ったのです。少し酔っているようでした。

「あの……小松《こまつ》チーフに聞きたいことがあるんですけど、いいですか？」

私はカフェの統括責任者ということで、みんなにチーフと呼ばれています。

「どうしたの、拓実くん。いいわよ、なんでも聞いて」

私もワインを飲んでいたので、気が大きくなっていたような気がします。

「ええと、チーフは結婚してるんですよね」

「うん、かわいい娘もいるわよ」

「そんなに美人だから、独身のときとか、すごくモテたと思うんですけど」

「ヤダァ。うれしいけど、それほどモテた記憶はないわよ」

「でも、結婚する前には、いろんな男の人とつきあってたんじゃ……」

「……私、そんなに軽く見える？」

「あっ、スイマセン。そういうことじゃないんです。なんというか、女性はどんなときに、その、男とつきあってもいいと思うのかなって……」

「ふーん……じゃ、拓実くんの聞きたいことって」

「はい、あの、同じ大学につきあいたい女子がいるんですけど、どうすればいいかわからなくって。告白っていっても何を言えばいいのか、まったく……」

私から見たら今風のイケメンなのに、すごく純情な気持ちが伝わってきて、私のほうが顔が熱くなってしまいました。それと同時に自分の年齢を感じたというのでしょうか、私はもう若い子に恋愛とか男女関係とかを教える順番なんだって、そんなことを考えて、妙に納得する自分もいたのです。

「ってことは、拓実くん、女の子とつきあったことないの？」

そう彼の耳元でささやくと、拓実くんはコクンと首を縦に振りました。

「だ、だから、どうすればつきあえるのか、聞きたくて……」

「そういうことは、ここじゃ、あまり深く話せないわ。私、最後に鍵をかけて出なきゃいけないから、待っててくれる？　いっしょに帰りながら話そうか」

「は、はい、わかりました」

火の元と戸締まりを確認してからカフェを出ると、約束どおり拓実くんが待っていてくれました。恥ずかしそうにペコッと頭を下げた彼といっしょに駅に歩きはじめました。

「女の子とつきあったことがないんじゃ、キスしたこともないの？」

「そっ、それは……まあ、ありません」

「デートしたこともないってこと？　手をつないだりとか」

「高校の文化祭のときに、フォークダンスで手をつないだことはあります」

その瞬間、私は彼の手をギュッと握っていました。

拓実くんは、ハトが豆鉄砲を食らったように驚いていました。

「こっちに来て」

ちょうど通りかかったところに建築中のビルがあったのです。周囲に鉄の足場が組まれシートがかけられていました。その中に入ると鉄骨とコンクリートが剝き出しの状態で建築資材が積まれていました。

通りから遮断された薄暗い中で、私は拓実くんをギュッと抱き締めました。

「あ、あの……チーフ」

シャツ、ブラジャー、何枚もの布地が間を隔てているというのに、彼の鼓動がドックン、ドックンと私の乳首に伝わってきました。

「そっか、拓実くんは、まだ……」

「あ、いっ……むぐっ」

そのまま唇を重ねてしまいました。

自分からキスをするなんて、ほんとうに生まれて初めてのことでした。

「むぐぐ、はうぅ、うむぐ」

舌を突き入れて口の中をかき回しました。拓実くんの全身が硬直して痙攣したように震えていました。いままでのどんなキスよりも興奮しました。

「……拓実くんのファーストキス、もらっちゃった」

照れ隠しにそうささやくと、拓実くんは顔を真っ赤にして硬直していました。

「相手が、こんなオバサンで……よかったかな？」

すると拓実くんは、あせったようにコクコクと何度も首を縦に振ってくれました。

「じゃあ……もっと、する？」

そう言った私は彼の返事を待たずに、もう一度、唇を重ねました。

最初はガチガチと音がするほど力が入っていた拓実くんの口元ですが、徐々に力が抜けていきました。おずおずと自分から舌を動かしてきました。やがて二人の舌が絡まりながら、お互いの口の中を行ったり来たりして、唇がヌルヌルになりました。

こんなキスなら永遠に続けられると思いながら、私は両腕を拓実くんの背中に回して、体を引き寄せるように抱き締めました。すると、私の下腹部に彼の股間が密着して、硬く勃起したペニスの感触が伝わってきたのです。

「すごいね……もう、こんなに大きくなって」

「す、すいません」

「違う、いいの……私、うれしいのよ」

そう言ってから、私は拓実くんの手を取ってスカートの下に導いてしまいました。

そのままショーツの中にまで引っぱり込んで、こうささやいたのです。

「ねえ、どうなってる？　私のアソコ」

「濡れてるっていうか、ヌルヌルして、なんか……すごいです」

「そう、私も興奮してるの。いいのよ、さわって」

そしてまたキスを始めました。私が彼の頬を両手で押さえつけるようにして、グイグイ舌を突き入れていると、拓実くんの指が遠慮がちに動きはじめました。

ヴァギナ全体を探るようになで回し、指が恐るおそる割れ目をえぐるようにしてきました。年上の男性にはない、そのぎこちなさがたまりませんでした。

そのとき、偶然だと思うのですが、拓実くんの指がクリトリスをこすったのです。

「あうっ、く！」

私は思わず声を出して、下半身をビクビクッと弾ませてしまいました。

「……そ、そこ。そこが、女のいちばん感じるところよ」

「はい！　こ、ここ……ここですか」

拓実くんが鼻息を荒くして、やみくもにクリトリスをさわってきました。

「はっ、うぅ……じょうずよ、もっとさわって」

徐々に拓実くんの指は好奇心を露《あらわ》にして、ヴァギナの奥に進んできました。

「ま、待って、そこは……」

そう言ったときには、中指がヌメヌメと膣の中に入っていました。

「うぅ、すごく……あったかいです」

「もお、勝手に入れちゃって、いけない指ね」

感触を確かめるように、拓実くんの指が出たり入ったりしました。スカートの中からヌチャッ、ネチャッといやらしい音がして、工事現場に響きました。

「ああん……んむぅ、うぅぅ」

そんなことになるとは思っていなかったのですが、私はもう自分を抑えることができませんでした。ゆっくりと拓実くんの足元にしゃがんで、ベルトをはずし、ズボンのファスナーを広げて、ボクサーパンツごと引きずりおろしました。

「チ、チーフ……恥ずかしいです」

目の前に亀頭が艶々《つやつや》した若々しいペニスが反り返っていました。

「あぁ、これが拓実くんの……すごい元気」

私は拓実くんの顔とペニスに交互に視線を走らせながら、亀頭の根元を握ってクイクイとしごきました。尿道口がパクパクして我慢汁が裏筋に垂れ流れました。

「いっぱい、エッチな液が出てくるね」

溢れる我慢汁をペニス全体に塗りつけました。ヌルヌルになったペニスを両手で握って、互い違いにしごきました。中指と人差し指をカリ首に引っかけて、ねじ回している自分が信じられませんでした。

「いっ、うっ、き、気持ちいぃです」

身悶《みもだ》える拓実くんのブルブルと震える両脚に手を添えて、私は彼の顔を見上げました。困って泣きそうな表情に、私はさらに興奮してしまいました。

「こんなに大きくして、どうしろっていうの？」

「ど、どうしろとか……え……あぁぁっ！」

私は拓実くんの視線を意識しながら、亀頭に舌を這わせたのです。裏筋、カリ首、尿道口と舌を生き物のように動かして、ネロネロと舐めつけました。

「あっ、そんな、うぐぐ」

「……フェラチオ、されたことないでしょ？」

そう言って私は大きく口を開きました。それから見せつけるように、ゆっくりと亀頭を口の中に含み、そのまま根元まで咥えてしまったのです。

「こ、こんなの、オレ、どうしていいか……」

ペニスをぱっくりと咥えた私はゆっくりと首を振って、拓実くんに快感を教え込むように、ヌルッ、ヌルッと唇を往復させました。拓実くんからよく見えるように手を使わず、口だけでカリ首から根元までしごきつけたのです。

するとト往復もしていないときでした。

「あっ、ダメです」

拓実くんが全身を硬直させて、情けない声を出しました。

「も、もう、出ちゃいます」

その直後でした。私の口の中で亀頭が暴れるように上下して、精液がのどを直撃してきたのです。若く勢いのいい精液にむせながら、私は必死で搾るように唇を動かしました。そして、大量の青臭い精液を最後の一滴まで搾り取ると、放心状態の拓実くんを見上げて「ゴクリ」とのどを鳴らしたのです。

それから私たちは、再び駅への道を並んで歩きはじめました。

「拓実くん、二人だけのヒミツよ」

「え、ええ、わかってます」

駅前には多くの人が溢れていました。電車に乗ってしまえば、拓実くんと私は反対方向です。そのまま別れていたら、気の迷いとかまちがいですませることができたのかもしれませんが、私の中にはどうしようもなく淫らな欲望が渦巻いていました。

「拓実くん、もう少しだけつきあってくれない」

「は、はい、いいですけど」

そして私は拓実くんを華やかな商店街から横道を入った裏通りに連れていきました。もちろん入ったことはないのですが、そこにラブホテルがあることは知っていました。彼の腕にしがみつくようにして、その入り口をくぐりました。

セックスするために作られたエロティックな部屋に入ったとたん、私は照れ隠しに拓実くんに体をすり寄せ、さっきと同じように唇を重ねました。ただ、今度のキスは最初から舌が絡み合いました。若い男の子はエッチの飲み込みも早いのかもしれません。たっぷりと唇をむさぼってから、私は彼の耳を舐めながら言いました。

「拓実くん、さっきさわったとこ、見たい？」

「はいっ、み、見たいです」

「じゃあ服を脱いで。全部よ。それでベッドに乗って」

拓実くんはシャツもパンツも脱ぎ捨てるようにして全裸になると、ベッドの上で正座しました。どこか滑稽《こっけい》な動きでしたが、表情がすごく真剣でした。

「そのままちょっと待ってて」

そう言って私はバスルームに足を向けました。シャワーを浴びて股間を石鹸でよく洗い、バスタオルを巻いて部屋に戻ると、拓実くんが正座のまま待っていました。

私もベッドに上がって、彼の前で女の子座りになりました。それから両膝を立てて、内腿を左右に広げてM字開脚をしてから、バスタオルをぱらっと落としました。

「い、いいわよ、見て」

そう言うと、拓実くんがオアズケを食らっていた犬のように、私の太ももの間に頭を突っ込んできました。私の性器と彼の顔が十五センチぐらいの距離でした。

「はっ、恥ずかしい……でも、いいのよ、もっと見て」

私は羞恥心を振り払うように、背筋をのけぞらせて、股間をさらに突き出しました。さらに両手の指を内腿にすべらせ、小陰唇を左右に広げていったのです。

「す、すごい、これが小松チーフの……」

「そう……私の、オマ○コよ」

あたりまえのように口をついて出ましたが、そんな言葉を発するのは生まれて初めてでした。拓実くんがゴクリと固唾《かたず》を飲むのが聞こえてきました。

「あぁ、そんなに近くで……見てるのね」

はしたないM字開脚のままで、私は右手の親指以外の四本の指をピンと伸ばして、クリトリス周辺に押しつけグルグルとこね回しました。柔らかい陰部の肉がいやらしくうねりました。愛液でねばった小陰唇が軟体生物のようにうごめきました。

「あっ、あっ、拓実くんが見てるから」

自分の指に呼応するように、M字に開いた内腿が開いたり閉じたりしました。

「はうッ、いつものオナニーより、興奮しちゃう！」

ガムシロップのような愛液が、お尻まで滴《したた》り流れているのがわかりました。

「こんなに濡れて……エッチなオマ○コでしょ」

その瞬間、私の中指がヌプリと膣口に入っていきました。関節を曲げ伸ばしてヌプッ、ヌプッと出し入れを繰り返しました。

「さっき、こうやって、拓実くんの指が入ってたのよ」

訴えるように言いながら、手首をひねって膣内をかき回しました。這いつくばるようにして私のオナニーを凝視する拓実くんの下半身に目をやると、射精したばかりだというのにペニスが勃起して、それを拓実くんがギュッと握っていました。

「ね、拓実くん……クンニできる？」

すぐさま拓実くんは大きく口を開いて、私のヴァギナにむさぼりついてきました。唇をモグモグさせながら、興奮をぶつけるようにやみくもに舐め回していました。

「クリトリスを舐めながら、指を入れてみて」

「は、はい、やってみます」

拓実くんは私の指示に従順に従って、一所懸命に手と口を動かしてヴァギナを愛撫してくれました。陰毛に鼻を埋《うず》め、舌先でクリトリスを舐め上げ、二本の指を連続して突き入れてくれたのです。

「はうっ！　いいっ、じょうずよ」

私は拓実くんの顔面にヴァギナをこすりつけるように、グイグイと腰をしゃくり上げました。いつの間にか二人とも全身が汗まみれになっていました。

「もう欲しい、オチ○チンが欲しいの」

私は懇願するように何度も口に出しました。

「い、入れていいんですか、チーフ」

「拓実くん、自分で入れてみて。失敗してもいいから」

そう言って私はあおむけになって、脚をこれでもかと大きく開き、正常位の受け入れ体勢をとりました。拓実くんがおおい被さって私の脚の間に腰を沈めてきました。

「うん、そのままオチ○チンを手で持って、先っぽで穴を探して」

私に言われたとおり亀頭で膣口を探す拓実くんでしたが、思うようにいかず苦労していました。あせればあせるほど、見当違いの場所に亀頭を押し込んでいるようでした。

「おかしいな、ここでいいはず……あれ」

ますます拓実くんの全身から汗が噴き出してきました。そのままじゃ自信をなくしてしまいそうなので、私は股間に手を伸ばして、ペニスの幹をクックッと押し込みました。当たる角度を修正したのです。亀頭の先端が膣口にピッタリとはまり、拓実くんが腰に力を入れると、ヌメヌメッと埋まり込んできました。

「そっ、そう、入ってきたよ……」

「うぅぁ、すごい、これが女の人の中なんですね」

そのままペニスはスムーズに挿入を繰り返しました。

「ああっ、拓実くん……硬い」

二十歳の男の子と初めてセックスして、いちばん驚いたのはペニスの硬さでした。

「えっ……ちょっと、そんなに」

拓実くんがいきなり、すごい勢いで腰を振ってきました。それは若さにまかせたピストン運動。射精間際のラストスパートにしか思えませんでした。

「うくっ、も、もう……ハウッ!」

案の定、制する間もなく私の中に精液が放出されていました。

私は下から拓実くんを抱き締めて、若いエネルギーを受け止めました。打ち込まれる精液に背筋まで貫かれるようで、今まで味わったことのない快感でした。

ただ、射精を終えた拓実くんが、消え入りそうな声で言ったのです。

「ど、どうしよう、オレまた、こんなに早く……」

私は抱き締めた両腕に力を込めて、両脚を拓実くんの腰に巻きつけました。そしてそのまま体をグルリと回転させて、繋がったまま二人の上下を入れ替えました。

「大丈夫よ、最初は誰だってそうなの」

ぴったりと密着した女性上位で、私は腰を動かしペニスを出し入れさせました。

「あっ、あんっ、まだ入ってるでしょ」

出し入れしながら、顔中を舐め回して、唾液を拓実くんの口の中に滴らせました。

私は気が狂いそうなほど興奮しながら、頭のどこかで不思議に思っていました。自分がそんなことをできるなんて、考えたこともなかったからです。

「もっと硬くなったよ、拓実くんの……チ○ポ」

グチャッ、グチャッとねばった音を響かせて、私は激しくお尻を上下させました。

両手で拓実くんの頬を押さえつけて、見つめながら問いつめました。

「ねぇ……チ、チ○ポは、どこに入ってるの？」

それからおおい被さっていた上体を起こし、騎乗位の体勢になって、さらに出し入れさせました。内腿が水平になるほど太ももを広げ、膝に両手を置いてヒップを上下させると、拓実くんのペニスが私のヴァギナに突き刺さっているようでした。

「あっ、あっ……よく見て、こんなに入ってるよ」

するると拓実くんが、うなされるようにつぶやきました。

「小松チーフの……オ、オマ◯コ」

「ああっ、いやらしい……私のオマ◯コなのね」

私は両膝をベッドに着いて、拓実くんの腰にがっちりと跨《また》がり、レゲエダンサーのような腰使いで全身を躍動させました。

「す、すごいです。チーフが、そんなに腰を振るなんて」

「ハッ、アウッ、誰にも言わないでよ」

「もちろんです。二人だけのヒミツですから」

私のお尻の肉が拓実くんの腰に当たるたびに、ねばった音が響き渡りました。

「いいっ、拓実くんのチ◯ポが、オマ◯コの中で暴れてる！」

「う、ううぅ、オレまた、出そうです」

「いいよ。私もイク、イクよ、いっしょに！」

「うっ、あうっ……出るっ！」

入れたまま迎えたその日三度目の射精も、私の奥を激しく打ち抜いてきました。

それからというもの、私はすっかりカフェでバイトしている若い男の子、特にウブな男の子に女を教えてあげるのがなによりも楽しみになってしまったのです。

これまで七人の男の子にいやらしい女の本性を教えてあげたのですが、そのうち四人が童貞でした。若い男の子の中でもやっぱり童貞は格別です。

「ほら、ここよ、私のエッチなオマ〇コ。入れていいのよ」

ハァハァと息を荒くした童貞の男の子が、ピンクの亀頭をグジュグジュになった私のヴァギナにこすりつけ、必死で穴の位置を探して、ヌルッと入った瞬間、私は頭のてっぺんまでしびれるくらいの快感でイッてしまうんです。

仕事で知り合った九歳年上の夫と結婚したのは十年前。娘はまだ小学四年生です。結婚、出産のタイミングで会社を辞めようかと悩みましたが、なんとか辞めずに現在まで続けてきて、ほんとうによかったと思っています。

もし会社を辞めていたら、こんな経験、絶対にできませんでしたから。

料理教室に通う不器用な男性に惹かれて居残り補習で誘惑する淫乱料理研究家

吉崎涼香　料理研究家・四十七歳

私はいわゆる料理研究家というものをしていて、いまはクッキングスクールの講師をしています。もちろん調理師免許は持っているのですが、私が教えるのはふだん料理をしない人のための初歩的な料理講座です。

最近はいろいろ便利な調理器具が出回っていますが、それ以前の基礎ができていない人が多いようで、スクールはそこそこ盛況です。私が厳しく指導するのが苦手ということもあって、生徒さんにはなるべくわかりやすく、優しくていねいに教えるよう心がけています。

自分で言うのもなんですが、そのおかげもあってか、「あの先生は教え方がうまい」「指導がていねいで安心できる」という評価をいただいています。

また、最近の傾向として、生徒は女性とは限りません。男性、それもわりと中高年

ほかの生徒さんたちへの指導をしつつ、私はどうしても山下さんのことが気になっ
「は、はい……」
「大丈夫ですよ。ゆっくりでいいですから、確実にこなしていきましょう」
ンサー」がきゅんと反応してしまいます。
ーラーでじゃがいもの皮を剝くだけで悪戦苦闘している彼を見ると、私の「ダメ男セ
せんでした。もう包丁を使うだけで見ているほうがハラハラしてしまうほどです。ピ
　私もたいてい料理のできない男性を見てきましたが、彼はそんなレベルではありま
惣菜では体が保《も》たないと、うちのスクールに通いはじめたのでした。
なせる家事は洗濯と掃除くらいのもの。けれど毎日外食やコンビニ弁当、出来合いの
す。しかし結婚している間は家事炊事はすべて奥さん任せだったそうで、どうにかこ
　山下浩二《やましたこうじ》さんは四十歳のバツイチ男性で、いまは一人暮らしをしているのだそうで
のです。彼と深い仲になってしまったのも、実はそれがきっかけでした。
　でも、そういう不器用な男性を見ると、私はつい母性本能をかきたてられてしまう
作れない人ばかりです。
の人は包丁なんて握ったこともないような人ばかり。会社では優秀でも、カレーすら
の方が来るのも珍しくありません。でもやはりスクールに来るだけあって、ほとんど

て仕方ありませんでした。一所懸命に鍋の火加減を見たり、煮物の味見をしては首を傾げている彼を見ると、もっとお世話してあげたいという気持ちがわいてきます。

（どうして奥さまは別れたのかしら……私ならうんとお世話してあげたくなるのに）

ついそんなことを考えてしまいますが、たぶん彼はバツイチになるまでは亭主関白で「男子厨房に入らず」を地で行く男性だったのでしょう。それだけに、懸命に料理を学ぼうとする彼の姿が、私にはけなげに見えるのです。

そしてその気持ちは単なるスクールの講師として以上のものになり、とうとう私は自分の気持ちが抑えきれなくなってしまったのです。

「山下さん、少しよろしいですか」

その日、スクールの授業が終わったあと、私は思いきって彼に声をかけました。

「失礼を承知で申し上げますけれど……山下さんさえよろしければ、居残り補習を受けてみませんか」

「い、居残り……ですか」

彼の料理の腕は最初に比べればずいぶんマシになってはいましたが、それでもまだまだほかの生徒さんの足を引っぱることもたびたびでした。彼もそれを気にしていたのか、居残り補習という言葉にショックを受けているようでした。

私はあわてて「授業では山下さんに個別指導しにくい」「追加料金は取らない、あくまで善意」とフォローして、次のスクールの日に居残りすることを約束しました。私のクッキングスクールもけっこう長いことやっているので、その辺はわりと融通が利くのです。

そうして次のスクールの日、通常どおり調理実習を終えたあと生徒さんが帰り、キッチンには私と山下さんだけが残りました。この教室の鍵は私が持っているので、建物にいるのは警備員室の警備員さんだけ。誰にも見られる心配はありません。

「山下さん、そんなに緊張しないでください。リラックスして……」

そう言って私は彼の背後に回り、背中から抱きつくように包丁を持った彼の手にそっと自分の手を添えました。

「そう、包丁は前後に動かすのではなく、押すようにして切ってください。ほら、切り口が全然違うでしょう」

「は、はい。そうですね」

野菜の切り口を見せるような振りをして、私は彼の背中に胸をわざと押しつけました。彼が緊張で固くなっているのは、料理のためだけではないと私にはわかっていました。

おそらくバツイチの彼は独身生活が長かったため、女っ気に飢えていることでしょう。そんな彼の弱みにつけ込むようなかたちですが、私はどうしても彼と深い仲になりたくて、事あるごとに体を密着させるスキンシップを取りながら、彼に料理指導をしました。

そうしてどうにかこうにか肉野菜炒めを完成させ、彼もようやくほっとした表情を見せてくれました。私の手助けがあったとはいえ、こんなふうに一人で料理を完成させたのは、生まれて初めてだと彼もうれしそうな顔を見せてくれました。

「ねえ山下さん……まだ時間は大丈夫ですか？」

「え、ええ。どうせ家に帰っても誰もいませんから」

「なら……もう一品、特別メニューを味わってみませんか」

そう言って私は彼の前に立ち、おもむろにエプロンをとり、カットソーをぐいとめくり上げてそれを脱ぎました。彼の目の前にブラが露《あらわ》になり、彼は目を丸くして言葉を失っています。

続けざまにスカートのホックをはずしてそれを床にストンと落すと、彼は「ちょっ」とうろたえたような声をあげました。

「せ、先生、いったいなにを」

「警備員さんは、私が帰ってからじゃないとここまで回ってきませんから安心して。特別メニュー……ご賞味してみませんか……」

下着姿になった私の体から、彼は目が離せないようでした。私は彼より年上ですが、じつはプロポーションにはそこそこ自信があるのです。料理教室をしている手前、栄養管理には人一倍気を使っていますし、年齢に比べて肌も若々しいはずだという自信もありました。

「私、ずっと前から山下さんのことが気になっていたんです。居残り補習だって本当は山下さんと二人きりになりたくて……」

「先生……」

私が半歩前に近づくと、彼は私の胸に顔を埋《うず》めてきました。熱い吐息が乳房の谷間に吹きかけられ、背筋がぞくぞくしてしまいました。「あぁ……」と思わず声が洩れて、私は彼の頭を胸に抱き締めます。

「先生、お、俺も前から先生のことが」

「涼香《すずか》って呼んでください。あっ、や、山下さんっ」

彼はぐいぐいと顔を押しつけてブラをずらし、露出した乳首に吸いついてきました。彼の舌が巧みに動いて乳首を転がし、たちまちそこが硬くしこって敏感になるのがわかりました。

ちゅうちゅうと強く吸われると少し痛かったけれど、彼がそんなにも欲求不満をためていたんだと思うと、その痛みもうれしく思えました。しばらく乳房を交互にいじってから、今度は彼の手が私のお尻をなではじめました。

「あぁ、涼香さん、俺、ほんとうにずっとこんなのご無沙汰で……ちょ、直接さわってもいいですか」

私がこっくりとうなずくと、彼の手がショーツの中にもぐり込んできました。

お尻の割れ目に沿って指が上下に動き、徐々に奥のほうに入ってきます。彼ははぁはぁと息を荒げつつ、けっして性急に事を進めようとはしませんでした。じっくりと私のお尻をなで回しながら、少しずつ、少しずつ私の大切なあの部分に近づいてくるのです。

（あん、もっと乱暴にしてくれてもいいくらいなのに）

もともと彼を誘惑するつもりだった私の体は、とっくに受け入れ態勢万全になっていました。全身の肌はほてって敏感になり、お腹の奥から熱いものがじゅわっと溢れるのを感じました。

「涼香さん、お、俺もう」

「ふふ……その前にもっといいことをしてあげるわ」

ブラをはずしショーツ一枚だけの姿になると、私は彼の前にしゃがんでスラックスの前に手を伸ばしました。チャックを下げるとそこはもうテントのように盛り上がっていて、トランクスから飛び出たそれは、びんびんにそそり立っていました。

（大きい……）

思わずごくりと唾を飲み込んでしまうほど、それは先端が赤黒く、つやつやてかり輝いていました。顔を近づけると、汗と男性器特有のつんとした匂いが鼻をつきました。でもそれはいやな感じではなく、むしろ私を興奮させる臭いです。

大きく口を開けて先端を呑み込むと、私は頭を前後に揺すって唇でその太いものをこすり立てました。

「あぁ……フェラチオなんて久しぶりだ。気持ちいい……」

彼のそんなつぶやきに私はうれしくなって、逞しい幹の半分ほどまで呑み込んで、舌をおち○ちんに絡めました。

苦いようなしょっぱいような味が口の中に広がって、あぁ、これが男の人の味だったんだとしびれるような幸福を感じました。いつもは生徒さんの声や調理器具のカチャカチャ鳴る音がしている調理室に、じゅぽじゅぽという私のフェラチオしている音と、彼の荒い息だけが響いています。

「うっ、そ、そんなに激しくされたら、俺……っ」

「んふぅ、れろ、ちゅっ、で、出そうですか？　いいですよ、私のお口の中にどうぞいっぱい出してください……んんっ！」

私は少し息を吸ってから、彼のモノを根元近くまで呑み込みました。口の中いっぱいに頬張ったおち○ちんがびくびくと震えていて、いまにも達しそうです。私は頬をすぼめて吸い上げたり、先端に舌を絡めてねぶり回し、彼のおち○ちんを味わいつづけました。

「うぁっ、出るっっ」

びくっ、びく、ビクンッ。どく、どく……のどの奥が熱くなり、むっとむせかえるような匂いが鼻の奥に広がっていきました。どろっとしたかたまりで息がつまりそうになったので、私はのどを鳴らしてそれを飲み下しました。

（あぁ、のどが熱くて焼けるようだわ）

それは私ののどをすべり落ちていき、口の中のすべてを飲み干してから、私は彼のおち○ちんから口を離しました。

「す、すみません。我慢できなくて……」

「いいんですよ、男の人のを飲むのなんて私も久しぶりで……でも、すごく濃くておいしかったです」

実際、夫とはもう長いことセックスレスだったので、出したての新鮮な精液はとてもおいしく感じられました。

水で口をゆすいでからそう言って微笑んであげると、彼はホッとした様子で、そして股間のモノはまた大きくなっていきました。

それを見ると私の股間もいっそう熱くなって、溢れ出た愛液がショーツにしみを作っているに違いないと思いました。あの勃起したものをここに入れてほしい……あれでここをうんとかき回されたら、どんなに気持ちいいだろう。

そう考えるともういてもたってもいられなくて、私は彼の目の前で最後の一枚を脱いで全裸になると、後ろを向いて彼にお尻を突き出したのです。

「来て……ください。その大きなもので、私を存分に味わってください」

「は、はい」

ぎしりと椅子を軋《きし》ませて腰を上げると、彼の大きな手が私のお尻をなで回しました。すると、タラリと熱いものが内腿を伝い落ちました。

「あぁ、早く」

そう言ってお尻を振っておねだりすると、彼の手がぐいっとお尻のお肉を左右に大きく広げました。その状態で硬いものが私のそこにぐりぐりと押しつけられ、彼が大きく腰を突き出してきました。

「あぁああっ、は、入って、くる……っ！」

射精したばかりとは思えないほど太くて硬いものが、ずぶずぶと私の中に入ってきました。私のそこはたっぷり濡れていたはずなのに、それでもギュウギュウと押し広げられる感覚に、私は体をのけぞらせて悶《もだ》えました。

（ま、まだ入ってくる……そんな、奥まで……）

彼は両手でがっちりと私の腰をつかみ、調理机に私を押しつけるようにしてさらに挿入を深めてきました。ふう、ふうと犬のような息遣いが背後から聞こえてきて、あぁ、私はいまこの人に犯されているんだと思うと、むらむらといやらしい気持ちがこみ上げてきたのです。

「くっ、き、きついですよ、涼香さん」

「あぁん、あなたのも、すごく大きくて気持ちいい……う、動いて、私の中いっぱいにしてっ」

彼は「よし」と言って腰を振り立てはじめました。力強く腰を引くと、おち○ちんが私の中をこすり立てながら引き抜かれ、抜け落ちそうになると今度は勢いよく腰を突き出し、根元までねじ込んでくるのです。

そんな動きを何度も繰り返すうち、私のアソコもほぐれてきたのか、彼の動きがさらに激しくなっていきました。

「あっ、あぁあっ、す、すごいっ」

ぱんっ、ぱんっと彼の股間と私のお尻がぶつかる音が響き、膣壁がこすられる感覚に、私は机に顔を突っ伏してひいひい泣きよがりました。

奥さんと離婚して以来、女性とご無沙汰だったというのはどうやら本当だったようです。彼はまるでセックス慣れしていない二十代の若者のように、無我夢中で腰を振って私の中をかき回してくれました。

そして私もまた、彼の猛烈なピストンに為《な》す術《すべ》もなくよがらされ、髪を振り乱して悶えました。あまりにも彼のモノが気持ちよすぎて、私はいつしか自分からお尻を後ろに突き出し、「もっと、もっと突いて、奥まで突いてっ」と叫んでおねだりしていたのです。

「うっ、ま○こがひくひくして、うああ、も、もう出るっ」

「い、いいわ、出して……中に出して、くださいっ！」

ぱん、ぱんぱんっ、ぱんぱんぱんっ。

彼はもう言葉を出す余裕もないらしく、一心不乱に腰を打ち付けて私の中を突きまくってくれました。

その動きの激しさに私の膝が何度も折れそうになりましたが、そのたびに彼の手が私の腰を力強く持ち上げ、いっそう強烈な突き入れを浴びせてくるのです。私はすでに何度も体を震わせて絶頂に達し、あとはもう彼のフィニッシュを待つばかりという状態ではしたない声をあげつづけました。

「うっ、出る、出します、出ますっ」

「あぁああ～～っ、わ、私も、い、イクゥウウッ」

ずんっと彼が力任せに腰を突き出すと、私の腰が持ち上げられ、爪先が浮きそうになりました。その状態で彼は動きを止め、おち○ちんが私の中でびくびく震えているのがわかりました。

（あぁ……いま私の中で彼の精液が出てる）

おち○ちんがびくびくと跳ねるたび、熱い精液が膣の中に注ぎ込まれ、私を満たしていきました。痙攣が治まるまで射精してから、彼はようやくそれを抜きました。抜くと同時にボタボタッと膣から溢れた精液が床に落ちる音がしました。

絶頂の余韻はまだ残っていましたが、そのときの私はまだまだやり足りないと強く思いました。もっと気持ちよくなりたい、もっと熱烈に愛されたい、おち○ちんでぐちゃぐちゃにしてほしい。

そう思った私は彼に向きなおって、髪を耳の後ろにかき上げました。そうして彼を椅子に座らせると、彼の萎《しお》れたものに指を絡め、それをしごきながら耳元でささやいたのです。

「ねえ……もう一度、しましょう。今度は私があなたの上に乗ってあげるから、いいでしょ」

そう言うと彼はにやりとエッチな笑みを浮かべ、私を抱き寄せました。

私は彼の膝に跨《また》がり、右手でおち○ちんをしごきながら左手を彼の首に回し、ちゅっちゅと口づけをかわしました。彼のキスはさっき味見した肉野菜炒めの味が少ししました。

舌を絡める濃厚なキスを交わしていると、やがて私の手の中でおち○ちんが復活し、硬くなっていきます。さすが私より若いだけあって、まだまだ楽しませてくれそうだと私はわくわくする気持ちを抑えられません。

「そろそろ、入れていいですか？　涼香さん」

私がうなずくと、彼は私の腰をぐっと抱き寄せ、私のそこに亀頭をあてがいました。そこからは私のほうから腰をくねらせ、彼のものを呑みこんでいきます。さっきさんざん奥まで突きまくられたので、私のそこはすっかりほぐれていて、また彼に注ぎ込まれた精液のぬめりもあって、あっさりと根元まで挿入できました。

対面で跨っている格好なので、さっきとは挿入される角度が違っていて、先端が膣の奥のほうをずんずん突いてきます。

「あっ、そこ、気持ちいいっ」

「ここ……ですね、うんと突き上げますから、あなたも俺のモノを存分に味わってください」

そう言うと彼は、私の腰に回した腕に力を込め、下からぐいぐいと腰を突き上げてきました。

「あぁんっ、そこ、そこいいですっ」

椅子に座っているのでさっきのようなピストンはできませんが、私は彼のモノを味わおうと、自分から腰をくねらせました。反り返ったおち○ちんが膣のあちらこちらをこすり立て、私はたまらず彼にしがみつきます。

「あんっ、おっぱい、おっぱいもっと吸って！」

私のおねだりに応え、彼は腰を突き上げつつ乳房に吸いつき乳首を舌で舐め回してきました。

彼が三度目の射精に達するまで、私は彼の膝に跨ったままよがり悶えつづけ、何度も何度も絶頂に達し、また中出しされてしまったのでした。

それからしばらくして、彼はクッキングスクールを無事卒業しました。最終的に彼の料理の腕はそれほど上がらなかったのですが、いまとなってはそれはたいした問題ではありません。

なぜなら、私が暇を見つけては彼の家に行き、いっしょに料理を作るようになったのですから。もちろん出来上がった料理を二人で食べたあとは、私自身をたっぷりと味わってもらうのです。

我が家の美人ハウスキーパーは憧れの同級生
久しぶりの再会でお互いの肉体を求め合い

富田武史　法律事務所所長・四十二歳

妻が契約したハウスキーパーさん、いわゆる家政婦さんとのアクシデントです。

私は自宅の近くに小さな法律事務所を構えています。妻も出産前まで勤めていた大手食品会社に再雇用され、大学生になった子どもたちもバイトに精を出すなどしていて、家事を四人で分担しても限界になっていました。

妻から聞きましたが、誓約書を書いてもらって鍵を預け、週二回、指定の部屋やキッチン、浴室、トイレなどを掃除してもらうという仕事内容でした。

私の職場である事務所は、資格を持つ有能なスタッフに恵まれていて、私自身はわりと優雅なものでした。

その日、私は妻と子どもたちがそれぞれ仕事と大学に行ったあとにのんびりと起きだしました。寝ぼけたまま階段を降り、洗面台に向かおうとして、キッチンで洗い物をしている女性が妻でないとわかり、軽いパニックに陥《おちい》りました。

「えっと、どなた？」

妻から聞いていたキーパーさんの最初の日を、うっかり失念していたのです。

茶碗を洗っていた女性はビクリと驚いた様子でしたが、水を止めると、

「あの、今日からハウスキーピングに参りました、寺田《てらだ》と言います」

こういうケースも慣れているのか、女性はすぐに平静な笑みを浮かべました。

私と同い年ぐらいの女性で、笑顔が素敵な明るい顔立ちで、きびきびとした印象でした。エプロンを後ろできつく結んでいるらしく、中年ながら体形にメリハリがあるのが目にとまりました。

「あー、ぼくは家にいちゃ具合悪いですか？」

その日の仕事は、私がいなくてもスタッフだけで回る手はずになっていたのです。

「えーと、はい……異性のお客様は外出していただく規定になっています」

「そうでしょうね。じゃあ、どこかで時間をつぶしてくるかな」

「ご主人さまのお部屋は三階ですか？　このフロアにおいでにならないなら、かまいませんよ」

女性は立てた人差し指を口に当て、あごを引いて笑いました。

職業柄もあるのか、私の周囲は妻も含めて、かわいい系の女性がいなかったので、軽い驚きを覚えたものでした。

その女性が、笑みを浮かべたまま、少し驚きのまなざしで私を見つめていることに気づきました。

「失礼ですがご主人様、富田武史《とみたたけし》様、ではございませんか？」

「そうですが」

今度は私が驚きました。契約は妻の名前で交わしているので、私の下の名前は知らないはずです。

「私、覚えておられませんか？　昔、小学校でいっしょだった……」

ものの三秒ほども見つめ合ったでしょうか。私も目を見開きました。

「もしかして、馬場《ばば》さん？」

「そうです。馬場雅子《まさこ》。うふふ、三十年ぶりですわね」

彼女は小学六年生のときの、同じクラスの女の子だったのです。

それだけではありません。私はかつての馬場さんに告白し、見事にふられていたのです。

「こんな大きなおうちに住んで、ご立派なお仕事をなさってたんですね」

「馬場さんに振られてから、心を入れ替えて勉強したんですよ」

当時のことをなつかしく思い出し、私は罪のない皮肉を口にしました。

「あら、私、もったいないことをしたのかしら」

中学は別々だったので、三十年ぶりの再会でした。

「馬場さんは結婚してるの？」

「さっき寺田ってあいさつしたじゃありませんか。もうヘンなあだ名で呼ばせないんだから」

美しい小学生だったかつての馬場さんを、私はすでに引退していた有名なプロレスラーの名前でからかっていたのでした。

「好きな子にイジワルしたくなる心理、わかってほしかったなあ」

「すごく迷惑だったんだから」

「そりゃウソだ。ちょっとまんざらでもなさそうだったぞ」

予期しない同窓会に、二人とも当時の小学生の口調に戻っていました。

「さあ、お仕事の邪魔しちゃいけないな。いつまでウチにいるんです？」

「二時間です。シフト制で今日はここで終わりなの」

「じゃあ、そのあとちょっと、ここでゆっくりできませんか？」

「……うれしいけれど、奥様のご不在のときに、具合が悪いんじゃありませんか？」

「三十年前と同じことを訊いて、あらためて答えが訊きたい、なんて言ったら？」

「……」

「すみません、セクハラですね。上にいるのでお仕事が終わったら来てください」

私は洗面だけをすませ、三階の自室に戻ると、小さな物置から、古いアルバムを出しました。小学校の卒業アルバムです。

六年三組、馬場雅子。何年ぶりかで、告白に玉砕した美少女の笑顔を見ました。

「ご主人様、お掃除が完了しました」

階下から声が聞こえ、おそるおそる階段を昇る足音が聞こえてきました。

「お疲れさまでした。ゆっくりしていってください。同窓会を再開しましょう」

私の自室は小さなソファと座面の低いテーブルがあり、冷蔵庫もありましたので、冷たいお茶を用意しました。

「……なんだか、プライベートなお部屋じゃなくて、会社の応接室みたいですね」

「ほとんどの仕事は職場でするけど、家に税理士や弁護士を呼ぶこともあるのでね。さあ、では再会を祝して、お茶で乾杯といきましょう」

寺田さんは私に調子を合わせ、チンと茶碗を当ててくれました。

顧客の家でお茶を呼ばれるかたちなので、最初寺田さんは緊張していましたが、なつかしの四方山話《よもやまばなし》になると、すぐに肩の力が抜け、よく笑うようになりました。

「馬場さんの笑顔、やっぱりあのころの面影がありますね」

「イヤだわ、富田さんったら、旧姓で呼んでばかり」

「美少女が美熟女になった」

「あら、まだ熟女って歳でもないですけど」

私は相手の年収や家計について敏感に鼻が利く職業についています。寺田さんも、自分の生活に十分に満足していないのが伝わってきました。

「馬場さん、さっきの話ですが」

馬場さんは「えっ」と顔を上げました。何のことかはわかっているはずでした。

私は薄氷を踏む思いで、寺田さんの手にそっと自分の手を重ねました。

「ぼくと、つきあってもらえませんか？」

「……」

寺田さんはうつむいたまま返事をせず、固まってしまいました。

私は立ち上がり、小さめのソファの寺田さんの隣に移りました。

「……そんな冗談は困ります。私たち、もう結婚してるのに」

もう結婚してるのに。その言葉に、後悔がにじんでいるような気がしました。

「いまぼくたちは六年生に戻ってるんだ。返事が欲しい。馬場さん」

「……ハイ」

うつむいたまま、蚊の鳴くような声で寺田さんは答えました。

私はそっと寺田さんの肩に腕を回しました。中年のおばさんになりかけの、かつての美少女の体温を感じつつ、私は小さな声で責めてみました。

「馬場さん、顔を上げてよ」

仕方なさそうに顔を上げた寺田さんと、唇を重ねました。

「富田くん、なにをするの……」

暗示にかかったわけでもないでしょうが、寺田さんも六年生のような不安のこもる声で言いました。

「あのとき、返事をもらったら、放課後にチューぐらいできるかなって子ども心に思ってたんだ。三十年ぶりにかなったわけだ」

「……」

私は手のひらで寺田さんの胸に触れ、ゆっくりともみました。寺田さんはまったく抵抗しませんでした。

「あのころは、ここまでふくらんでなかったよね」

「……そんなところ、見てたんですか？」

「そりゃ、男子が見るところなんて決まってるよ」

私は寺田さんの手を取り、ゆっくりと立ち上がりました。小さな応接室からは見えないようにパーテーションで区切って仮眠ベッドが置いてありました。

「ほんとの寝室は下にあるんだ。これは仮眠室。ここで夜を過ごすことも多いけど」

「富田くん……ご主人様、なにをなさるつもりなんですか？」

ハウスキーパーさんの声で訊いてきました。職務の鎧《よろい》で自分を守ろうとしているのがありありとわかりました。

「馬場さんに告白して、オーケーをもらったんだよ？　することは一つだろ」

何か言いかけた寺田さんの言葉を無視して、私は抱きつくようにしてエプロンの腰ひもをはずしました。

「えっ、ちょっと……！」

寺田さんはあわてて短い声をあげましたが、それとなく脇を広げてエプロンを脱がしやすくしてくれていました。やわらかいシャツのすそに手をかけ、持ち上げたときも、大いにためらいつつ、バンザイをしました。オレンジのブラジャーが現れました。

下は仕事のしやすさを考えてかデニムでした。ホックをはずし、ファスナーをおろすとき、いくぶんためらい気味に腰を引いていましたが、目に見えて抵抗するそぶりはありませんでした。デニムが膝にかかると、片脚ずつ自分から脱いでいました。

「小学生のとき何度かパンチラしてたけど、いまはそんなパンティはいてるんですね」

「……」

ブラジャーとお揃いの、オレンジ色のレースでした。

私も一瞬で着衣を脱ぎ去り、少々強引に寺田さんをベッドに横たえさせました。

「お客様……ご主人様、困ります……」

私が上から重なろうとすると、いまさら感いっぱいの言葉をつぶやき、私は苦笑を浮かべました。何か下手なメイドプレイの言葉のように聞こえたのです。

「あのころ、馬場さんにこんなことしたかったんだ。小学生のころのぼくに教えてやりたいよ」

「……」

ブラジャーを剝ぎ取り、乳房にむしゃぶりつきました。寺田さんは口を小さく三角に開け、あごを出しました。

「六年の担任だった横山《よこやま》先生がこれを見たら、どう思うかな？」

「ダメよ、富田くん……こんなことしちゃ」

寺田さんも当時の状況を思い出したのでしょう。ロリコン趣味はありませんが、当時の小学生の馬場さんに悪さをしているような、不倫とは異なるタブー感がありました。長い間忘れていましたが、かつて私が勇気を出して告白した女性が、目の前で半裸でいることに、強い興奮を覚えたのです。

「富田君……こんなこと、よくやってるの？」

息のかかりそうな距離で、寺田さんは素の顔で訊いてきました。よく不倫をしているのかという意味でしょう。

「いや、妻を裏切ったのはこれが初めてだ。ウソじゃない」

「私にも家庭があるのよ？」

「ぼくもさ。お互いそれはそれとして、二人だけの同窓会を楽しみたいんだ」

最後の最後で寺田さんは良識を盾に抵抗してきましたが、私も必死でした。ペニスは最近の妻とのセックスではないほど、ギンギンに勃起していました。

「思い出したよ。あのころ、こっそりぼくの苗字に君の名前を被せて想像してたんだ。富田雅子って」

とっておきの黒歴史を披露したのに、なんと寺田さんは顔を横に逸《そ》らせて吹き出したのです。

「すごい昭和の発想ね」

これには少々傷つきました。

私はやや意固地になり、口を開けていくぶん乱暴にキスしました。

「少しの間だけ、君は富田雅子だ！　時間限定のぼくの妻だ。夜じゃないけどいまが結婚初夜なんだ！」

パンティ一枚だけの寺田さんの体を激しくまさぐると、寺田さんも一気に官能のスイッチが入ったようでした。

「ああんっ、こんな人生もあったのね。富田君が私の夫……！　ああ、あなた」

それぞれ家族への冒瀆《ぼうとく》の言葉を口にしつつ、私たちは次第に燃え上がっていきました。私の背中に回した寺田さんの手も、あちこちとでたらめになで回してきました。

「雅子、パンティ、脱がすよ」

「ハイ、あなた……」

ほんとうに新婚初夜の妻のように、寺田さんは顔を赤らめました。

体をずらし、寺田さんの腰に両手をかけて、パンティをずらしていきました。

「ああ、富田くん……恥ずかしい」

不倫に加えて、さっき見ていた小学生の寺田さんの幼い表情を思い出し、幾重にもタブーを犯しているように思えて、体がゾクゾクと震えました。

白い肌に、逆三角の薄めの恥毛が現れると、寺田さんは膝が重なるぐらい内股になっていました。

「雅子さん……雅子、君のオマ〇コ、よく見せて」

「あああ……富田君たら、なんて言葉を使うの」

両膝をゆっくりと大きく外に広げると、寺田さんは顔を両手でおおいました。

雅子のオマ〇コ。自分で口にした言葉に、私はひどく興奮してしまいました。妻以外の女性のそんなところを見ていることを強く実感したのです。

薄い恥毛の間から見える寺田さんの性器は、いやらしい蜜にまみれて光っていました。妻とのマンネリセックスは、私が完全勃起しにくいのと同じ理由で、妻も十分に潤《うるお》わなくなっていたのです。

万感の思いを込めて、私は寺田さんの性器に顔を寄せ、エッチなお汁を舐め上げました。ひと仕事したあとだからか、妻に最後にクンニリングスしたときよりも塩味が強く感じられました。

「あんっ……いやっ、富田くん。ダメ、そんなところ、舐めちゃ……」

寺田さんは切れぎれに高い声をあげました。ふっくらしたお腹に緊張が走るのが見えました。

私はまたずるずると体を上げ、まっすぐ寺田さんと重なり、見つめ合いました。

「雅子、入れるよ」

「ハイ。入れてください……」

言ってから恥ずかしくなったのか、寺田さんはまた視線を逸らしました。

妻とのセックスは、この状態でほとんど手も触れずにペニスを挿入できるようになっていましたが、身長も体形もちがう女性では、やはり勝手がちがうものです。

見つめ合ったまま、片手でペニスの照準を定め、寺田さんの膣口にゆっくりと挿入していきました。

「はああっ、富田くん……」

妻ではない女性に入れているのが、ペニスの感触でわかりました。よく潤っているのに、膣道は狭く、圧迫感が強いのです。

「ああ、雅子のオマ○コ、すごくぼくを歓迎してくれてるよ」

私はかすれる声でつぶやきました。

「どうしてあのとき、オーケーしてくれなかったんだ。こんなに息ピッタリなのに」

それこそ、昭和のエロコメのような文句が出てしまいました。

ゆっくりとペニスの出し入れを始めました。

「あああ……うちの人と、ちがう」

寺田さんは目をうっとりと閉じ、そんなことを言いました。

「いまの雅子の『うちの人』はぼくだよ。こうなるはずだったんだ」

昔、学生のころにSF小説で知った、パラレルワールドという言葉が頭に浮かびました。

「夫も子どもたちも大切だけど……なんだかあっちが夢みたい」

調子を合わせたわけでもないでしょうが、寺田さんもそんなことを言いました。

いわゆる不倫カップルの、お花畑状態だったのでしょう。

私はピストン運動を次第に速めていきました。互いに息が荒くなり、洩れ出る声も高くなっていきました。

「待って、富田くん……ちょっと、とめて」

小学生のような甲高い声で寺田さんが制止してきました。このまま射精に向かうと思っていたのに、少し意外でした。

「……今度は、私が上に……それで」

ゆっくりと寺田さんは身を起こし、私と上下入れ替わりになりました。

「……旦那さんと、こんなふうによく入れ替わるのかい？」

つい要《い》らぬことを口にしてしまいましたが、寺田さんは笑っていました。

「ちがうわ。これが私たち夫婦の新しいセックスのスタイルよ」

これには私が苦笑いを浮かべました。

寺田さんが私のペニスを握り、自分自身に導きました。

私は両手を寺田さんのお尻に回して、下に押し込みました。すると寺田さんは、眉根を寄せて目を閉じ、「んんん……」とのどから絞り出すような声をあげました。

「……三日ほど前も妻とセックスしたけど、ぼくもなんだかあっちのほうが浮気のような気がしてきたよ」

挿入が完了すると、私は小さく言いました。

「この浮気者」

寺田さんは私の頬をカプッと甘噛みしてきました。高校生の子どもが二人いるのに、こんな仕草はほんとうに小学生に戻ったようでした。

寺田さんのお尻をつかんだまま、私は腰だけを振ってペニスの出し入れを始めました。寺田さんも動きを合わせるようにお尻を上下に揺らしました。

「ああぁっ！　すごいっ……富田くんと結婚してたら、こんな素敵なことが毎日できたのねっ！」

ピストンが最速になると、寺田さんは早口でそんなことを言いました。

「いまから、いまから取り戻すんだよっ」

私も歯の根を食いしばって答えました。

「中にっ、出してもいいかい？」

射精が近づくと、私はいちおう念を押しました。

「出してっ、たくさん、たくさんっ！　三十年分っ、全部出してっ！」

その言葉でスイッチが入り、私は寺田さんのお尻を強く自分に押しつけて激しく射精しました。

寺田さんは精液がのど元まで届いたかのように、あごを大きく出しました。

数年なかったほどの、充実した濃い射精でした。

吐精を終えてから、長いキスをすると、寺田さんは大きく息をつきました。

「そろそろ、魔法が解けますね。うふふ、ご主人様、オイタが過ぎますわよ」

レトロで悲しい冗談を言いながら、寺田さんは服を着ました。

次のハウスキーピングの日を尋ねましたが、むろん私の下心などすぐわかったでしょう。寺田さんは小さく笑っていました。

三度目に寺田さんとセックスしたのが昨日でした。

次は休みを合わせて、遠くのラブホテルに、誰にも祝福されない偽りの新婚旅行に出かけられないかと、二人で思案しています。

第二章 豊満熟女の甘美なぬかるみに嵌まり

サウナでいつも指名する人妻マッサージ嬢のふくよかな熟尻に極硬ペニスを呑み込まれて

佐久本龍司　不動産業・三十七歳

この話は、去年の春先のことです。

私はサウナがとても好きで、週に一回は必ず通っています。

いつも指名するマッサージ嬢は幸恵《ゆきえ》さんといい、四十代半ばの女性でした。おばさんではありましたが、むっちりしていて、童顔のとてもかわいい女の人です。

旦那さんはトラックドライバーをしており、高校生の子どもが一人いる人妻でした。

すっかり顔馴染みになり、世間話をするほど仲よくなったところで、彼女のほうから、離婚した妹さんがアパートを探しており、いい物件はないかと頼まれたんです。

もちろん快《こころよ》くオーケーし、私は彼女の妹に優良物件を紹介し、その一週間後の夜にサウナを訪れました。

汗を流したあと、マッサージ室に行くと、幸恵さんはすごく喜んでくれ、こちらが恐縮するほど感謝してくれました。

「佐久本《さくもと》さん、ほんとうにありがとう」

「いやいや、仕事だから」

「妹、いい物件を紹介してくれたって、ものすごく喜んでたわ」

「そう、それはよかった」

「さ、入って」

マッサージ室は施設の地下にあり、人けのない場所にあるんです。受付を通り過ぎた奥に小部屋が二つあり、右側のドアのガラス窓からは明かりが洩れていました。左側の小部屋に通されたところで、幸恵さんは照明をつけ、にっこり笑いながら言いました。

「今日は、たっぷりサービスするから」

「え、ホントに？」

「お礼は、ちゃんとしないと」

「そうか……それじゃ、エッチなマッサージしてもらおうかな」

笑いながら告げると、熟女は甘く睨《にら》みつけました。

「ははっ、冗談だから」

「もう。早くガウンを脱いで、うつぶせになって」

脱いだガウンを壁のフックにかけ、サウナパンツの格好でマッサージベッドの上に横たわると、彼女はさっそく筋肉をほぐしてくれました。

「その後、妹さんの様子はどう？」

「居心地は最高だって。大家さんの敷地に立てられた物件で、離れみたいなものでしょ？　一戸しかないから騒音問題はないし、家賃は安いし、安心だって言ってたわ」

「あそこの大家さんは優しいし、子ども好きだからね。シングルマザーにとっては、最良の物件のはずなんだけど、大家さんが間近にいることをいやがる人も多いんだ」

十分ほど、妹さんの近況を聞いていたのですが、あまりの気持ちよさから強烈な眠気が襲ってきました。

新年度を迎えて毎日が忙しく、疲れがかなり溜まっていたんだと思います。

「すごく凝ってるわ。筋肉がガチガチよ」

「ん……あ……そう」

「どうしたの？」

「なんだか……眠くなってきちゃったよ」

「いいわよ。遠慮しないで寝ちゃって」

彼女の言葉に甘え、私はぐっすり眠りこんでしまいました。

どれくらいの時間が過ぎたのか。ハッとして目を開けると、幸恵さんの姿はどこにもなく、いつの間にか室内の照明も落とされていました。

「あ、あれ？」

壁時計を見上げると、マッサージ終了時間の午後九時を回っており、受付の照明も消されていたんです。

「参ったな。三十分以上も眠ってたのか」

身を起こした瞬間、幸恵さんが姿を見せ、私は気まずげに頭をかきました。

「ふふっ、よく眠ってたわね」

「ああ、ごめん。お客さんは、俺一人かな？」

「そうよ。マッサージ室はもう閉めるの」

「それじゃ、またサウナに入りなおすかな」

そう言いながらベッドを下りかけた瞬間、幸恵さんは私の肩に手を添え、にっこり笑いました。

「いいのよ、まだ」

「……え？」

「今日は平日でマッサージを受けるお客さんも少なかったし、同僚も早上がりしたから、もう十五分サービスするわ」

「で、でも……申し訳ないよ」

「起こすの悪いと思ったから、まだマッサージしてないとこがあるのよ」

「うちのほうは大丈夫なの？」

「ええ。旦那は長距離の仕事で、今日は帰ってこないの」

「そう……じゃ、もう少しだけやってもらおうかな」

再びうつぶせになり、マッサージが始まったのですが、困ったことにあそこがムズムズしだし、ペニスが膨張していったのです。

寝起きのせいなのか、マッサージされたことで血液の循環がよくなったのか、はたまた疲れマラというやつなのか。

いずれにしてもたいへんな状況になり、私はひたすら困惑するばかりでした。

いったい、どうしてしまったのか。必死にほかのことを考えても、盛りがついてしまったかのように小さくならないんです。

「さあ、いいわ。前を向いて」

幸恵さんの言葉に、私は心臓をドキリとさせました。

この状態で体を回転させたら、男の反応を知られてしまいます。

「あ、あの……もういいです」

「何、柄にもなく遠慮してんのよ」

か細い声で断ったものの、幸恵さんに無理やりあおむけにさせられ、顔が火傷《やけど》したように熱くなりました。

「……あぁ」

サウナパンツは生地が薄いため、勃起を隠せるわけもなく、やや右方向に大きなテントを張っていたんです。

「す、すんません」

彼女は何も答えず、伏し目がちに頬を赤らめました。

「あ、あの……これは特別な意味はないんです。単なる男の生理現象というやつで」

「は、始めるわね」

幸恵さんは腕をマッサージしはじめたものの、あそこをチラチラと見やる仕草が悩ましく、ペニスは萎《な》える気配をいっこうに見せませんでした。

さらに指が下腹から太ももに移ると、パンツの頭頂部がピクピクと震えました。

熟女の胸も緩やかに波打ち、かすかに開いた口のすき間から熱い吐息が洩れているように思えました。

照明をかなり落としていたことも影響したのかもしれません。妙な雰囲気がただよったところで指が股のつけ根に向かい、私は思わず腰をよじりました。

「あ、そこは……んっ」

次の瞬間、しなやかな手がパンツのすそからもぐりこみ、パンパンにふくらんだペニスをキュッと握られたんです。

「……おっ」

しっとり潤《うる》んだ瞳、妖しく濡れた唇。あのときの幸恵さんの色っぽい表情は、いまだに忘れられません。

「す、すごい……鉄の棒みたい」

「だ、だめですよ。そんなことしたら、欲しくなっちゃいますよ……あ、くおぉぉ」

指のスライドが始まると、強烈な快感が背筋を這いのぼりました。

シュッシュッとしごかれるたびに頭の芯がしびれ、完全に性欲のスイッチが入ってしまったんです。

もしかすると、深く考えずに口にした「エッチなマッサージ」という冗談が呼び水になったのかもしれません。

我慢できなくなった私は手を伸ばし、白無地のホットパンツ越しにヒップをなで回しました。

とにかくびっくりするほど大きなお尻で、弾力感は大きなゴムマリのような感触だったでしょうか。もみしだくたびに、心地いい感触が手のひらに伝わりました。

「あ……ンっ」

幸恵さんも腰をもどかしげにくねらせ、艶《つや》っぽい声を放つと、牡の欲望はさらにその先を求めました。

私は負けじと股ぐらに手を突っこみ、女の中心部に指を突き立てたんです。

「あ……だめ」

とたんにムチムチの太ももが手を狭みこんだものの、彼女が拒絶することはありませんでした。

「ひっ、んっ」

クリトリスと思われる箇所をいじっていると、心なしか湿り気を感じるようになりました。

眉尻を下げ、唇を舌で何度もなぞり上げる顔はもう真っ赤。彼女も完全に発情しているのは明らかでした。

私は指を一心不乱に動かし、性感ポイントに刺激を与えつづけたんです。

「はあはあ」

二人の吐息が狭いマッサージ室に響くころ、こちらの想像を上回る出来事が起こりました。

なんと、幸恵さんがサウナパンツをおろし、ペニスを剝き出しにさせたんです。

すでに鈴割れからは大量の我慢汁が溢れ、ねばった糸を引いていました。

「あっ！」

驚きの声をあげた瞬間、熟女は身を屈め、柔らかくて生温かい舌でチ○ポをペロペロ舐め回しました。

「く、くぅぅっ」

「はっ、ふっ、んっ」

舌先が生き物のようにくねり、裏筋から横べり、縫い目からカリ首を這い回り、私はあまりの気持ちよさに身をのけぞらせました。

「むむっ」

「ああ、ホントにすごい……コチコチだわ」

幸恵さんは愛しいものをいつくしむかのようにペニスを左右の頰にこすりつけ、唇をすぼめて唾液をたっぷり滴《したた》らせました。そして唇を大きく開け、ペニスを真上からがっぽり咥えこんできたんです。

「お、おおっ」

ふっくらした唇が胴体をすべり落ちた直後、すぐさま顔の打ち振りが始まり、脳みそが爆発するような快感が押し寄せました。

「あ、あ……そんな激しくしたら」

「んっ、んっ、ふっ、んっ!」

鼻を鳴らし、ぐっぽぐっぽとペニスをむさぼるフェラチオはとても刺激的で、しばし唖然としていたのではないかと思います。

私は口をへの字に曲げつつ、ホットパンツの脇から指を侵入させました。

「む、ふうっ!」

彼女はヒップを振って拒絶の姿勢を見せたものの、指はショーツの下をかいくぐり、熱い女芯をとらえていました。

幸恵さんの昂奮も、尋常ではない状態だったと思います。肉の帯は愛液まみれで、ぐしょ濡れになっていましたから。

「んっ、んぅっ!」

肉の突起を探り当て、くるくると押し回すと、熟女は顔の動きをストップさせ、眉間にしわを寄せました。

攻守交代とばかりに懸命に刺激を吹きこんでいると、ヒップがビクビク震え、むちっとした太ももがさらに狭まりました。

あとで聞いた話によると、彼女はあのとき、軽いアクメに達していたそうです。

「ぷふぁ」

幸恵さんはペニスを口から吐き出し、色っぽい眼差しを向けました。

もちろん指の動きは止めず、彼女の股ぐらからはくちゅくちゅと卑猥な音が響いていました。

「はあはあ、はあぁっ」

「あぁ……お、俺……もう我慢できないよ」

小さな声で告げると、熟女はのどをコクンと鳴らし、ささやき声で答えました。

「私も……我慢……できないわ」

体を離した熟女はホットパンツを下着ごとおろし、大きな期待感に胸が弾みました。

瓢箪《ひょうたん》から駒《こま》ではないですが、かわいい人妻と禁断の関係を結べるかもしれない。そう考えただけで、ペニスがひと際反り返りました。

幸恵さんは足首から抜き取ったパンツを放り投げ、マッサージベッドに這いのぼり、私の腰を跨《また》がろうとしました。

「み、見せてくださいよ」

「……え」

「あそこ、もっとよく見せてください」

「だめよ」

「ずるいじゃないですか。俺のだけさんざん見て」

「私はいいの」

「たっぷりサービスしてくれるって言いましたよね。あれ、嘘だったんですか？」

「嘘なんかじゃないわ」

「じゃ、逆向きになって、顔を跨《また》いでくださいよ」

必死に懇願すると、彼女は恥じらいつつも応じてくれ、体を反転させて私の顔を跨ぎました。まるまるとしたヒップは迫力満点で度肝を抜かれ、こんもりした恥丘のふくらみも目を射抜きました。

渦を巻く濃いめの恥毛、口をぱっくり開けた発達した肉びら。色素沈着はそれほどなく、陰唇も艶やかで、あれほど美しい女肉は若い女性でもなかなかお目にかかれません。

赤い内粘膜がひくつくたびにとろとろの愛液が溢れ出てきて、甘ずっぱい匂いにペニスがなおさら硬く反り返りました。

昂奮の坩堝《るつぼ》となった私は大口を開けてかぶりつき、ベロベロと舐め回しながら愛液をすすり上げたんです。

「い、ひっ」

幸恵さんは奇妙なうめき声をあげたあと、ペニスをしごきたて、再びふっくらした唇を這わせてきました。

私たちはシックスナインの体勢から互いの性器を舐め合い、性感の上昇とともにムンムンとした熱気があたり一面に立ちこめました。

プルーンにも似た酸味を堪能《たんのう》するなか、彼女はペニスをじゅっぱじゅっぱとしゃぶりたて、射精願望がすぐさま頂点に追いたてられました。

熟女も、私と同じ気持ちだったようです。

「はあ……私、我慢できないわ」

幸恵さんは身を起こしざま前方に移動し、背面騎乗位の体勢からペニスを垂直に起こしました。そしてペニスの先端を割れ目にあてがい、豊満なヒップをゆっくり沈めていったんです。

亀頭が生温かい粘膜に包みこまれたときの感触は、いまでもはっきり覚えています。しっぽり濡れ、やんわりしていて、まさにチ○ポがとろけるかと思うほどでした。

「あ、あなたの……大きいわ」

「ぐ、ぐぅっ」

カリ首が入り口で引っかかったのですが、ヒップがゆったり沈みこむと、無事通過し、勢い余ってズププッと埋めこまれていきました。

「おおっ！」

膣の中はまったりしていて、ペニスをほどよく締めつけてきました。

実は私、これまで抱いてきた女性はアラサーまでで、アラフォーの熟女や人妻と肌を合わせるのは初めてのことだったんです。

まさかこれほどの快感を与えてくるとは思わず、まだ腰も動かしていないのに天国に舞い昇るような感覚でした。

「はあっ、気持ちいい」

「お、俺もです」

手を伸ばしてヒップをなでさすり、尻肉を広げようとすると、彼女は甘い声で制しました。

「だめよ」

「どうしてですか？」

「だって、恥ずかしいじゃないの……あ、んっ！」

腰をガツンと突き出すと、彼女はやや前屈みになり、私はここぞとばかりにお尻の肉を左右に広げて結合部を剝き出しにさせました。

「ああ、すごい。チ○ポが、おマ○コにずっぽり入ってる」

「み、見ないで……あ、ふぅ」

さらに緩やかなピストンを繰り出すと、熟女の体がバウンドし、にっちゃにっちゃといやらしい音が洩れ聞こえてきました。

「はあ、ふう、やっ、だめぇっ」

完全に快楽の虜と化したのか、幸恵さんは自らヒップを揺すりはじめたのですが、これまたすごいのなんの。

恥骨を前後に振ったかと思うと、膝を立て、M字開脚の体勢から豊満なヒップをガンガンと振りたててきたんです。

「うっ、うっ」

息が詰まるほどの強烈なピストンに目を白黒させる間、幸恵さんは髪を振り乱し、甘ったるい声を延々と洩らしました。

「ああっ、いいいっ、いいいっ」

「ま、前を向いてください」

今度はこちらの要求を拒否することなく、彼女は前を向き、またもや軽やかなピストンでペニスを蹂躙《じゅうりん》してきました。

バチーンバチーンとヒップが太ももを打つ音が室内に反響し、体温が急上昇しました。

ペニスも気持ちよかったのですが、ハの字になった細眉、桜色に染まった頰と、熟女の切なげな表情がさらなる快感を与えたのだと思います。

私も必死の形相で腰を突き上げ、こなれた膣肉の感触をとことん堪能しました。

やがて射精願望が頂点に達するころ、幸恵さんがすすり泣きに近い声をあげました。

「イッちゃう、イッちゃうわ」

「あ、くっ、ちょっ……」

驚いたことに、彼女はその場でトランポリンをしているかのように腰をバウンドさせました。

あまりの迫力にこちらはまったく腰を使えなくなり、ただ身悶《みもだ》えるばかりで、あっという間に我慢の限界に達してしまったんです。

「はっ、はっ、はっ」

「ああっ、お、俺もイキそうです」

「イッて、中に出して」

「ぐ、おおっ」

さらにヒップが目にもとまらぬ速さで上下し、ペニスがとろとろの膣肉でもみくちゃにされました。

次の瞬間、頭の中が真っ白になり、とてもこらえられずにペニスが脈動してしまったんです。

「イクッ、イッちゃいます」

「はふぅんっ、私もイクッ、イクわ」

「ああ、イッグゥッ」

こうして熟女の激しいセックスに撃沈し、子宮に大量の精液をほとばしらせてしまったんです。

室内には二人の熱気が充満し、サウナに入っているときと変わりがなく、全身は汗まみれになっていました。

もちろん、一回放出しただけでは満足できず、そのあとはホテルに移動し、一晩中グラマラスな肉体を心ゆくまで味わいました。

私は幸恵さんを何度も絶頂へと導き、彼女は狂乱の姿をこれでもかと見せつけたんです。

どうやら旦那さんとは何年も営みがなく、相当溜まっていたようで、熟女の魅力に取りつかれた私はもはや豊満な肉体を手放せなくなりました。

その日から、彼女とは定期的に会って背徳的な関係を続けているんです。

バイト先で出会った農家の爆乳妻に誘惑され初めてのパイズリとセックスを堪能し……

下田和孝　会社員・四十三歳

いまからもう二十年以上も昔の話です。

十九歳の大学生だった私は、割のいいアルバイトを探していました。一人暮らしだったのでなにかと金がかかり、仕送りだけでは足りなかったのです。

しかしアルバイト情報誌を探してみても、時給の安い仕事しか見つかりません。あったとしても夜の仕事ぐらいで、学生のスケジュールには厳しいものでした。

そこへ大学の先輩が私に、こんな話を持ちかけてきました。

「おまえバイト探してるんだって？　だったらいいバイト紹介してやろうか？」

そう紹介されたのが、農家での短期の住み込みのアルバイトだったのです。

なんでも収穫期には人手が足りないらしく、毎年学生を雇っているのだそうです。

どれくらいもらえるのか聞いてみると、四日間で日給は二万円という大学生にとっては破格なものでした。しかも食事も寝る場所も用意されているというので、こんなにいい条件はないと私は迷わず引き受けさせてもらいました。

場所は大学からかなり離れた田舎の土地です。バスに乗って行ってみると、話に聞いていたとおり、周りには畑しかありません。

「あらあら、そんな汗びっしょりになって。よく来てくれたねぇ」

バス停から歩くこと二十分。私を出迎えてくれたのが、アルバイト先の農家の山崎《やまざき》さん夫婦でした。

二人とも年齢は四十代と聞いています。見た目は純朴そうな田舎の夫婦そのもので、奥さんの明美《あけみ》さんも旦那さんの義弘《よしひろ》さんも、いかにも人が好さそうです。

どういう人たちか不安だった私は、手厚い歓迎にホッとしました。

ちょうど夏の暑い盛りで、家の裏手にある畑にはたくさんの作物が実っています。

そこが私の仕事場でした。

ところが着替えて作業に取りかかると、これがたいへんな重労働でした。

作物を収穫してダンボール箱に詰めて運ぶ。ひたすらその繰り返しです。

暑くて重くて腰が痛くなり、これだったらコンビニでアルバイトをしていたほうがどんなに楽だったかと、早くも私は後悔していました。

一日の作業を終えたころには、体が悲鳴をあげて倒れてしまいそうでした。家に戻っても食欲がなく、せっかくのおいしい食事も喉を通りません。

そんな私を二人は心配してくれましたが、たった一日で音《ね》を上げるわけにもいきません。翌日も早朝から重い体を引きずって畑仕事に向かいました。

もっとも、このアルバイトはつらいことばかりではありませんでした。

私につきっきりで作業を教えてくれたのが、奥さんの明美さんです。年齢は四十五歳で、農家のおばさんにしてはきれいな顔立ちです。

なによりも目につくのは、その超がつくほどの巨乳でした。

作業着姿でもふくらみが目立つうえに、炎天下で汗びっしょりになると、平気で作業着を脱いで汗をぬぐっていました。

「こんなおばちゃんの裸なんか見たって、どうってことないでしょ」

そう言って、私の目などまるで気にしていません。

おまけにブラジャーの下にタオルをもぐらせた拍子に、乳首までチラチラと見えてしまうのです。

母親よりも年上の女性とはいえ、さすがにドキドキしてしまいました。

たわわに実った胸のふくらみや乳首が、十九歳の学生にとってどれだけ刺激的だったことか。おかげでつらい作業でもやる気が沸き、乗り切ることができたのです。

こうしてアルバイトの予定期間の四日間が過ぎました。

最終日の作業後は、私のために、わざわざご馳走まで用意してくれました。たっぷりの手料理とビールを前に、義弘さんも上機嫌です。

「今年の学生さんもようがんばってくれたなぁ。最初の日にはどうなることかと思ったが、まじめに働いてくれて大助かりだよ」

私も義弘さんに勧められるままにビールを飲み、腹いっぱい明美さんの手料理を平らげました。

ところが長居をするうちに、日が暮れて帰りのバスに間に合わなくなってしまったのです。そのため二人の厚意で、もう一泊させてもらうことになりました。

たっぷりビールを飲んだ義弘さんは早めに就寝し、私はその間にお風呂に入らせてもらいました。

すっかりこの家にも慣れ、のんびりと湯船につかりながら、この四日間のことを思い返していました。アルバイト代だけでなく、温かい夫婦のもてなしもとても満足いくものでした。

そこへ風呂場の外の脱衣所から、明美さんが声をかけてきたのです。

「湯加減はどう？」

「ああ、ちょうどいいですよ」

私がそう返事をすると、何やら外でゴソゴソとしている気配がします。

（えっ、何!?）

私は何事が起こるのかという思いでドアを眺めていました。

すると突然、明美さんが風呂場に入ってきてしまったのです。もちろん何も身に着けていない裸でした。

「今日までほんとうにお疲れさま。最後ぐらい、私が背中を流してあげる」

そうあっさりと言ってはいますが、私はあっけに取られるばかりでした。

いくら服を脱いで汗をぬぐう姿を目にしていたとはいえ、まっ裸で対面するのとはまるで訳が違います。

見上げた先には、巨乳をぶら下げた豊満な肉体と、真っ黒な股間の繁みがありました。どちらもまったく隠されることがないまま、明美さんは平然とかけ湯をし、私に言いました。

「ほら、早くおいで。背中流してあげるから」

「いや、でも……」

ためらっていた私でしたが、明美さんに強引に腕を引っぱられ、股間を隠しながら立ち上がりました。

「そんな恥ずかしがることないでしょう。見せたって減るもんじゃないんだから」

へっぴり腰で湯船から出る私に、明美さんはおかしそうに笑いかけました。

私はおおらかな明美さんとは違います。恥ずかしさが先に立ってしまい、目の前に座っても小さく背中を丸めたままです。

おとなしく待っていると、背中に泡立ったボディタオルがこすりつけられました。

「どう？　気持ちいい？」

「あっ、はい。とっても」

他人に背中を流してもらうのなんて、小さいころ親にやってもらって以来です。

もっとも、背後にいる明美さんを意識してしまって、とても楽しむ心境にはなれません。なんでもない会話をしている最中も、ちょっとした弾みに胸のふくらみがあたってしまい、そのたびにドキリとさせられました。

なにしろ、軽く百センチはありそうな胸のサイズです。それだけ大きければ、感触も確実に伝わってきます。軽くあたるだけでも、とてつもないやわらかさなのです。

（あっ、ヤバい！）

とうとう私は我慢できず、ペニスをギンギンに勃起させてしまいました。

それを知ってか知らずか、明美さんはますます胸を背中に押しつけてきます。どう見てもわざとやっているようにしか思えません。

「あの、さっきから胸が……」

私がそう言うと、今度は体ごとギュッともたれかかってきました。私が逃げられないように、わざわざ腕を巻きつけながらです。

「ほら。こうやると、もっと気持ちいいでしょう」

さらに、スリスリと胸をこすりつけてきました。

さすがに私も、明美さんが、ただ背中を流しにきたのではないと気づきました。

やわらかい二つのふくらみが押し潰され、股間がますます硬くなってきます。この家に来てから、夜は疲れてすぐ寝てしまい一度も抜いていなかったこともあり、性欲が限界まで高まっていました。

そこへ明美さんの手が伸びてきて、私のペニスを包み込んだのです。

「ううっ」

突然の刺激に、思わず声が出てしまいました。

「あらあら、こんなに元気になって。若いっていいわねぇ」

私をからかうように言いながら、ペニスへのマッサージが始まりました。

「ああ……ちょっと待ってください」

「何言ってるの。ほんとうはもっとしてほしいんでしょう？」

明美さんの言うとおりでした。口では止めさせようとしておきながら、あまりの気持ちよさに体が動きませんでした。

たっぷり石鹸のついた指で亀頭をくすぐられ、反対の手がペニスを根元からもみしだきます。

快感が膨れ上がるにつれ、私は口を開けてハァハァと息を吐き出すことしかできなくなりました。

「こんなおばちゃんだけど、気持ちよくしてあげることだけは得意だから。遠慮しないでいっぱい出しなさい」

「はい……」

私はそう返事をすると、おとなしく明美さんの手に身をまかせました。

次第に手の動きが速くなってきます。背中にこすりつけられる胸も圧力を増し、もう限界が近づいてきました。

「あ……出るっ、出ますっ」

次の瞬間には、明美さんの指の間から精液が大量に飛び出していたのです。

「あら、すごい。こんなにたくさん」

勢いよく噴き出す精液に、明美さんも驚いていました。

ペニスをしごかれている私にとって、これまでにない激しい快感でした。射精が終わるまでたっぷり時間をかけて搾り取られ、風呂場の床には飛び散った精液が白く糸を引いていました。

ようやく出尽くしたころには、私は気が抜けてぐったりとなり、背後にいる明美さんの体にもたれかかっていました。

「いっぱい出たねぇ。よっぽど溜まってたみたいね」

うれしそうに言う明美さんは、子どもをあやすように私を抱き締めてくれました。

最後の夜に混浴をしてもらい、射精まで手伝ってもらえたのです。もうこれ以上は望むべくもないと、私はすっかり満足しきっていました。

ところが明美さんは、これだけで終わらせるつもりはありませんでした。

「若いんだからまだ勃《た》つでしょう？」

「えっ？　ああっ……」

射精したばかりのペニスからなかなか手を離してもらえません。

そうこうするうちに、再び明美さんの手のなかで勃起してしまいました。自分でも驚くほど早い回復力でした。

それだけではありません。今度は明美さんが私の正面に回り込んできて、まっすぐに私の顔を見つめてきました。

「和孝《かずたか》くんは畑仕事をしているときから、ずっと私のおっぱいばかり気にしていたものね。そんなにおっぱいが好きなの？」

図星を指摘され、私は思わず「ええ、まぁ」と返事をしました。

「ふふっ、正直ね。じゃあ、こっちでもサービスしてあげる」

そう言って前屈みになり、私の顔に胸を近づけてきました。

迫ってくる巨乳に目を奪われていると、そのままふくらみを押しつけてきたのです。さっき背中で味わったやわらかさを、今度は顔全体で感じることになりました。半分おふざけだったのでしょうが、私は天国にいるようにさえ思えました。

それと同時に巨乳を手でさわらせてもらいます。片手に余るくらいのボリュームなうえに、見かけ以上の重さがありました。

私がそのやわらかさを堪能《たんのう》していると、明美さんに「吸ってみてもいいのよ」と言われ、喜んで乳首に吸いつきました。

ツンと突き出した褐色の乳首は、大きくて吸いごたえがあります。舐めたり吸ったりするだけでは飽き足らず、歯を立てて軽く嚙んでみたりもしました。

「ずいぶんじょうずじゃない。私も気持ちよくなってきちゃった」

どうやら明美さんも感じているようです。口のなかにある乳首が、だんだんと硬くなってきました。

顔に押しつけられていた胸は下半身へ移り、私の股間にたどり着きました。

明美さんは「見ていて」と言うと、なんと胸の谷間にペニスを挟みこんだのです。アダルトビデオで見たことのあるパイズリというやつです。それを実際にやってもらっているのが、とても信じられない気分でした。

「あっ、こっちも気持ちいいです」

「そうでしょ。私ぐらいおっぱいが大きくないと、こんなことできないもの」

挟まれているペニスが胸の谷間に埋もれて見えなくなっています。両側から押し潰してくる肉の感触がたまりませんでした。

こんなサービスは、明美さんのような豊満な熟女にしかできないでしょう。私はマザコンではないと思っていましたが、母親のような包容力のある明美さんには、心から甘えたくなってしまいます。

「じゃあ、次は口ね」

驚いたことに、パイズリの次はフェラチオまでしてくれました。

　まず唇がペニスを呑み込むと、舌が襲いかかってきました。生温かい口の中でたっぷりの唾液を含ませながら、激しくむしゃぶりついてきます。

「うああっ……！」

思わず私は明美さんの頭に手を置いてしまいました。あまりの気持ちよさに、いったんストップしてもらおうと思ったのです。

しかし、明美さんはそんなことでフェラチオを止めてはくれません。それどころか私の腰に腕を巻きつかせ、そう簡単には離さないつもりです。

舌がペニスの裏側からねっとりと絡みついてきます。

唇はゆったりとしたペースで上下に動いていました。その際に、明美さんの鼻にかかった色っぽい声が洩れてきて、とても興奮します。

「ンンッ、ンッ……」

私はできるだけほかのことを考えて、快感に耐えようと努力しました。

さっき発射したばかりなのに、もう次の射精が近づいてきているのです。それぐらい性欲が高まっていました。

それにしても、明美さんのテクニックの巧みなこと。舌の使い方といい、ペニスを丸ごと呑み込んでしまいそうな吸い上げといい、もうたまりません。

「あの、また出そうです」

私がそう言うと、明美さんはあわててフェラチオを止めてくれました。

「ずいぶん早いのねぇ。もうちょっとしてあげたかったのに」

私はホッとしたような、残念なような複雑な気持ちでした。

ただ、止めてくれたということは、まだ続きがあるはずです。当然、次に期待するのはセックスしかありません。

「じゃあ、そろそろ……」

そこまで言われたとき、私は心のなかで「やった！」と叫んでいました。

「ふふっ、顔に出てるわよ。そんなにセックスしたいの？」

「は、はいっ。したいです」

「もしかして初めて？」

やはり明美さんも私が童貞だと気づいていたようです。

遊びまくりだった大学の友人に比べ、彼女もいない私は早く童貞を卒業したいとあせっていました。明美さんのような女性が相手になってくれるなら、願ってもないことです。

明美さんは風呂場の床に私を寝かせ、こう言いました。

「私が初めてでもいいかな？　ほんとうはもっと若い女の子がいいんだろうけど」

「そんなことないです。明美さんで童貞卒業できるなら願ってもないです」

すると明美さんは「あら、うれしい」と笑ってくれました。

その前に、どうしても知っておきたいことがありました。まだ見たことがない女の人のあそこを、この目でしっかりと見たかったのです。

「あんまりきれいなもんじゃないわよ。毛深いし、だいぶ色もついてるから」

そう前置きをしつつ、明美さんは私の願いを聞いてくれました。

四つん這いになってお尻をこっちに向け、股間を丸ごと見せてくれたのです。あそこどころか、肛門まで丸見えの大サービスでした。

胸に劣らず大きなお尻の谷間に、茶色の肉襞がぱっくりと割れていました。周りには短い毛が伸びていて、自分で言っていたようにかなりの毛深さです。

私は顔を近づけて食い入るように見つめながら、指で股間をまさぐりました。

「あっ、もう……そんなとこいじったら、くすぐったいじゃない」

明美さんはお尻を揺すって、くすぐったがっています。

しかし、私の指があそこの中に届き、膣の入り口をさわりはじめると、一転して「あんっ」と感じている声を出しました。

穴はやわらかくて、簡単に指を呑み込んでいきます。

奥まで挿入すると、すでに中は熱く濡れていました。いつの間にか明美さんも欲情していたようです。

「んっ、ああっ……そんなに動かされると……もう少し優しくして」

言われるまで、私は夢中になって指を抜き差ししていました。ぬちゅぬちゅと膣をかき回すたびに、喘ぎ声を出してくれるのがとても興奮したのです。

指の愛撫だけであそこはすっかり濡れて、愛液が次々と湧き出てきます。

(すごい、こんなに出てくるのか)

透明な液が溢れて糸を引いているのを、私は驚きながら見ていました。

「ねぇ、もう我慢できないの。早くセックスしましょう」

明美さんから甘い声でおねだりされてしまいました。

私が指を抜くと、すかさず明美さんが腰を跨《また》いできました。しかしすぐには入れようとはせず、しばらく何かを考え込んでいます。

「ま、今日はいいか……せっかくだから生で入れさせてあげる」

どうやらコンドームを使おうかどうか迷っていたようでした。風呂場を出て持ってくる時間も惜しかったのでしょう。

明美さんの腰が降りてくると、ペニスがあそこにぬぷぬぷっと吸い込まれていきました。

「あ……ううっ！」

そのとき味わった快感は、これまでに経験したことがないものでした。

愛液でぬかるんだ穴がペニスを締めつけてきます。きついというよりも温かく包み込んでくる感じで、背筋がゾクゾクッとしました。

「ほら、いま奥まで入ってるのよ。気持ちいいでしょう」

「はい、すごく……こんなの初めてです」

「さっきイキそうになってたけど、だいじょうぶ？」

「まだ平気です。できるだけ我慢しますから」

会話をしている最中も、明美さんは私の上から優しく髪をなで、腰を緩やかに動かしていました。

腰が上下するたびに、ペニスが気持ちよさに包まれます。あまり激しい動きではなくても、私にはじゅうぶんすぎるほどの刺激でした。

「ンッ、ンッ……ンンッ」

明美さんは私に体をおおいかぶせながら、唇を押しつけてきました。

唇が塞《ふさ》がれてちょっと苦しいものの、初めてのディープキスはとても甘ったるい感触でした。密着している体の重さも気になりません。

抱き合っている私たちは、深くつながったまま互いに腰を押しつけ合います。

そうすると、ペニスがより奥まで届いて、ここが子宮に近い場所なんだなとわかりました。

「ああ……なんだか久しぶりに燃えてきちゃった。ちょっと激しく動いてもいい？」

明美さんはそう聞くと、腰の動きを少しずつ大きくしていきました。

それまでは手加減していたのでしょう。私が早くイカないように抑えていたものの、体が我慢できなくなってきたようです。

私は抜き差しのペースが早まるたびに、歯を食いしばって快感を耐えなければなりませんでした。

「はぁんっ、ああっ……！　いいっ、そこ……いっぱい来てるぅ」

次第に明美さんの喘ぎ声も大きくなり、風呂場の外まで聞こえてしまいそうです。

万が一、義弘さんの耳に届いたらと冷やひやしました。

しかし、そんなことを気にしている余裕はありません。私は明美さんの激しいお尻の揺れを受け止めるだけで精いっぱいなのです。

やがて動きも止まり、束の間の休憩です。

「和孝くんも動いてみる？　今度は私が下になるから」

明美さんは、いったんペニスを抜いて場所を交代しました。

私が上になり、あらためて挿入すると、不思議と下になっていたときよりも、気持ちが大きくなりました。

やはりこれまで明美さんにコントロールされていたからでしょうか。今度は私が自分のペースで動くことができます。

「どうですか。気持ちいいですか」

「うん、すごくじょうず。さっきから体がしびれっぱなしだもの」

私の腰の動きをほめてくれて、ますます自信がつきました。

さらに激しくしたところ、明美さんは大きくよがり声を上げました。

「あっ、ああっ、私もなんだかイッちゃいそう」

どうやら、私よりも先に絶頂に達してしまいそうなのです。

それを聞いた私は張り切って腰を動かしつづけました。そして、なんとか明美さんをイカせてやろうと意地になっていたところ、逆に私が追い込まれました。

「ああっ、ぼくも出そうです」

「うん、いいのよ、そのまま出して。いっしょにイキましょう」

「はい」

最後に私が強く腰を押しつけると、明美さんが「ああっ」と大きな声を出しました。同時に膣の奥深くで射精してしまいました。目の前が真っ白になってしまいそうな気持ちよさでした。

こうして私と明美さんは、その夜私の布団でもたっぷり愛し合いました。

ところが翌朝、起きてきた義弘さんの態度から、どうも私たちが関係を持ったことを知っていたようなのです。顔をニヤつかせて、意味ありげに私と明美さんを見比べていました。

ここでようやく私も気づきました。義弘さんはわざと酔ったふりをして、明美さんと私を二人きりにしようとしていたことに。

それが夫婦の趣味なのか、それとも純粋に奥さんに私を労《いたわ》らせようとしていたのか、真相はわかりません。

しかし、アルバイトの学生にとっては、なによりのご褒美だったことはまちがいありません。きっと私に紹介してくれた先輩も、同じクチだったのでしょう。

いまの私には大学受験を控えている息子がいます。当時の私と同じく、大学に入ったらアルバイトをしたいと考えているようです。

息子には楽なアルバイトばかり考えず、あえて肉体労働を選んでみるのもいい経験になると、そう教えてみようかと思っています。

人妻美人インストラクターのミスにつけこみ肉感的ボディに秘めた変態マゾ気質を刺激し

今井信明　会社員・三十五歳

私は最近、椅子に長時間座りっぱなしのデスクワークが多く、腰が痛くなることが増えてきました。それで、このまま腰痛持ちになるのはいやだなあと思い、半年ほど前から一念発起してヨガ教室に通いはじめたのです。

三十五歳なので自分ではまだまだ若いと思っていますが、案外ガタがきてるのかもしれません。いまのうちに二十代のころの体を取り戻しておこうと思ったのです。

そんなわけだから、どこのヨガ教室がいいかなんて特に調べもせず、自分の会社から歩いていける範囲にある、新しい教室を選びました。それほど料金も高くなかったし、外から覗いたときに男性の生徒が多くて気楽にやれそうでした。

でも入ってみて気づきました。男性が多いのには、じつは理由があったのです。それは、藤枝奈央美《ふじえだなおみ》先生です。男性はみんな彼女を目当てに来るのです。

もちろんほかにも先生は何人もいます。でも、入会費を払ったあといくつか授業を見学させてもらって、ぼくも迷うことなく藤枝先生のクラスを選びました。「ちょうどあなたで定員ピッタリになりました」と言われたときには、思わず心の中でラッキーと叫んでしまいました。

あとで知ったのですが、藤枝先生は三十七歳です。川口春奈《かわぐちはるな》風の正統派美人なのですが、それだけでなく、ともかくプロポーションがいいのです。日本人離れした胸の大きさと形、ウェストはもちろん美少女フィギュアのようにくびれてるし、そしてお尻がすごく大きいのがぼくの好みにピッタリです。そんな体型で、いつも明るい色のレオタードを着ているので、なんかもう全裸でいるよりセクシーというか、はっきり言えば、エロいのひと言です。

その格好でヨガのいろんなポーズをとるのですが、胸を反らせたり、開脚したりするポーズのときには、男性の受講生がみんなどこに注目しているかはっきりわかります。授業の後半になると、レオタードの胸元には乳首がはっきり浮きたっていることもあります。そうなると男性たちは、みんな股間をモッコリさせて照れ臭そうな顔になります。

もちろん藤枝先生はそのことに気づいてるはずですが、全然気がついてないふりをして澄ましてレッスンを続けています。藤枝先生の人気がこのヨガ教室の経営を支えているようなものなのです。

ただ、じつは藤枝先生は結婚しています。人妻なのです。ほかの男性は「結婚さえしてなかったら口説くのになあ」なんて言って残念がっています。

でもぼくは逆です。人妻という言葉の響きにどきどきします。あの完璧な肉体で旦那さんとどんな濃厚セックスをしているのだろうと思うと、それだけで我慢汁が溢れてきます。

ぼくは結婚してないし、彼女もいません。いつしかオナニーするときは藤枝先生の体を思い出すようになりました。人妻である藤枝先生のレオタード姿を思い浮かべながらしごくと、天国にいるような気分で射精できるのです。人妻だから手出しはできない、そんな切ない気持ちも、かえって興奮を倍増させてくれます。ぼくにとってヨガ教室にいる時間は、まさに至福のときになったのです。

ところが、先月思いがけないことが起こりました。まさかあんなことが起こるなんて想像もしていませんでした。それはいつもと同じ授業のときのことです。

授業ではいろんなポーズを教えてもらいます。猫のポーズや鷲のポーズなどのわりと簡単なポーズもありますが、中には、かんぬきのポーズとかピラミッドのポーズとか、やや難しいものもあります。人によって何が難しいかはいろいろですが、ぼくの場合は腰に不安があるので、橋のポーズのように腰に負担がかかるのは苦手です。

それは、まさにその橋のポーズを習っているときのことです。ブリッジのように体を反り返らせているときに、ついへんなところに力が入ってしまい、なぜか足首をねじって捻挫してしまったのです。あまりの痛さに途中から授業を見学することになったのですが、それがきっかけになりました。

授業が終わってほかの生徒が帰ったあと、先生と二人きりになりました。ほかの生徒たちは先生の落ち度とは気づかず、ぼくが勝手に失敗したのだと思ったようです。でも先生は自分の教え方が悪かったといって、ひたすら謝り、ぼくの足首を気にしてさわったりなでたりしてくれました。

誰もいない部屋で先生と二人きりになり、しかも目の前でぼくの足首に触れている先生の体を間近で見てるうちに、当然のことながらギンギンに勃起してしまいました。先生もそれに気づいたようですが、わざと気づかないふりをして、ただ謝罪を繰り返していました。それで、ちょっとイタズラ心が出たぼくは、試しにささやいてみました。

「これ、教室のほうに知られたら、どうなるんですか?」

「え? どうなるって、私、すごく叱られると思う。それだけじゃなくて、もしかしたらクビになるかも。いま、こういうのって、すごく厳しくなってるから」

でもそうなったら困る、夫の給料だけじゃなくて自分の収入があってやっと家計が成り立ってるし、もしクビになったら、また新しい働き口を探すのはたいへんだと、いつもとは全然違う弱気な表情で話す先生を見てるうちに、ぼくはますますアソコがいきり立ってしまいました。

「先生がサービスしてくれたら、このことは黙ってますよ」

「ほんと？　でもサービスって、何？」

「わかってるでしょう。ぼくの下半身がいまどうなってるか、気づいてるくせに」

先生は真っ赤な顔をしてうつむきました。ああ、この人もこんな顔するんだと思って、ぼくはひどく興奮してしまいました。

「ぼくね、いつも先生をオカズにして一人でしごいてるんです。一度でいいから夢をかなえてくれませんか。ほら、もうこんなですよ」

思いきってそう言いながら、先生の手をとって自分の下半身にさわらせました。ぼくの短パンの股間は、もうパンパンに盛り上がっていました。先生の手はそれに吸い寄せられるように握ってきました。さすが人妻です。度胸はあるみたいです。先生の指がペニスの形をなぞるように動くのを感じて、今日は先生の肉体を好きなようにできると確信しました。

「あの……私、人妻なんだけど」

最後の抵抗でもするように先生がつぶやきました。

「知ってます。だからですよ、旦那さんには見せたことないような姿を見せてほしいな。そしたら、この怪我のことは秘密にしますから」

「ひどい人」

先生もまんざらでもなさそうです。ぼくの股間に置かれた手がグッと反応して、ペニスの形や硬さを確かめるように指が動きました。

「あの……なんでもするから、ほんとうに秘密にしておいてくださいね」

その声には、あきらかにマゾの気質がひそんでいました。もしかしたら、先生はすごく変態なんじゃないか？　そのときぼくは、そう感じました。

「じゃあ、先生、その言葉を証明するために、まずは口でご奉仕してくれますか。旦那さん以外の男相手じゃ無理かな？」

「え？　本気で言ってますか。私、夫以外の人にそんなこと……」

先生がとまどってグズグズ言うのを聞きながら、ぼくは短パンと下着をおろして硬くいきり立ったモノを先生の前に突き出しました。

「お、大きい、こんなに大きいんだ……私、授業中にいつもみんなの下半身が気になってたんです。でも、こんなに大きいなんて」

「旦那さんのち○ぽと比べてどうですか」

「夫のよりすごく大きいです。それに色も形もいやらしい。ああ、おしゃぶりさせてください、あなたの、その、立派なち○ぽ」

自分から卑猥な言葉を言いながらおずおずと舌を這わせ、そのうち気分が昂《たかぶ》ってきたのか、夢中でしゃぶりはじめた先生の顔を見おろしながら、ぼくもムラムラと虐《いじ》めたい欲望が盛り上がってきました。

授業が終わったばかりで汗臭いはずなのに、必死で舌を動かして先端の尿道やカリの裏までていねいに舐めている先生の頭をつかむと、股間に押しつけ、むりやりのどの奥まで突っ込んでやりました。グエッという苦しそうな声を洩らしながらも一所懸命にしゃぶりながら、指でタマのほうを刺激してきます。

「いやらしいな、先生、ほんとにち○ぽが好きなんだな」

「好きです、こんな大きくて逞しいち○ぽ初めて、授業中いつも私を見ながら、こんなに硬くしてるんですか？　私をオカズにしてオナニーもしてるんですか？」

「そうだよ、先生のエロい体を思い浮かべるだけですぐにギンギンになるんだよ」

「うれしい、私をオカズにして射精してるち○ぽ、ステキです」

この先生、こんなに変態なんだと思いました。きっと授業中も、生徒たちの股間を想像してアソコを濡らしていたんだと思います。

「ぼくだけじゃないよ、男の生徒たちはみんな先生でヌいてるんだよ。今度、この教室の中でみんなのオナネタになってみるかい、先生」

「ああ、それ、やってみたい。みんな、私を見ながら、目の前でおち○ぽシコシコしてほしい。私の顔や体に濃厚精液をぶっかけてほしい。私、それ、よく妄想するんです。みんなのオナネタになりたいって」

とんでもない告白を聞かされて、ぼくはすっかり舞い上がってしまいました。我慢汁と先生の唾液でぬるぬるのち○ぽを先生の顔にこすりつけたり、それで頬をパンパン叩いたりしてるうちに、だんだん精液がせり上がってきました。

「先生、とりあえず一度イカせてもらうよ」

先生は「はい」と答えて、ひたすら舌を動かし、指を上下させました。

「あなたの濃厚精液出してください。このまま私の顔を汚してください」

この人がこんなこと言うなんて……そう思いながら、とうとう最高潮に達してしまったぼくは、先生のきれいな顔に思いきり射精してやりました。

精液は顔中に飛び散って、口の中にもたっぷり飛び込みました。先生はそれをうっとりした顔で味わい、頬やアゴにかかったぶんも指先ですくって舐めました。ただでさえ美しい顔が精液で汚され、さらにいやらしさを増したような気がしました。先生の隠れた欲望が一気に噴き出した瞬間を見ているようでもありました。

「どうだ？　満足したか？」

「はい、おいしいです。でも、お願い、もっといじめてほしい」

先生が甘えるような目で見上げてきました。どうやら体に火がついてしまったようです。射精したというのに、ぼくのち◯ぽはビンビンにそそり立ったままでした。

「いいですよ、いつもオナニーのネタにしていた先生の体をたっぷりいたぶってあげますからね」

ぼくは黄色いレオタードに包まれた先生の肉体を抱き締め、むちゃくちゃに愛撫しまくりました。肉感的なボディをもんでいるだけで、また射精しそうでした。胸元には早くも乳首がとがっています。レオタードごしに乳首をひねると、先生は切なそうな声を洩らして体をくねらせました。

「いい声あげますね。もっと恥ずかしい声を聞きたいな」

ぼくはレオタードの胸元を思いきり引き裂くと、両方の乳房がボロンとこぼれました。もちろん乳首はピンピンに勃起しています。レオタード姿なのに二つのおっぱいだけが丸出しになっている恥ずかしい格好の先生を、フロアの真ん中に立たせました。そしてオナニーショーを命じました。

「先生だって、オナニーくらいしたことあるでしょう」

「あ、はい、あ、あります。主人とは全然セックスしてないから、いまもときどき」

「いまでもしてるんですか、先生。じゃあ、お手の物ですね」

先生は立ったまま両手で乳首を転がし、ボリュームたっぷりの乳房をもみしだきました。屈辱的な顔をしたのは最初のうちだけで、すぐにうっとりした表情を浮かべ、腰をクネクネさせはじめました。しかも、レオタードの股間には、すでに大きなシミが浮かび上がっていました。

「先生、もうアソコもビッショリみたいだね、アソコもいじくりたいだろう」

「はい、さわってもいいですか」

「じゃあ、ちゃんとお願いしなよ」

「ああ、お、お願いです、お、おま○こ我慢できないからさわらせてください」

「しょうがないな、いつもやってるみたいにやってみなよ」

するとと先生は、レオタードの股間の部分を両脇からつまんでキュッと細くすると、割れ目に食い込ませました。Tバックみたいに細くなったレオタードから、黒い陰毛とピンクに充血した陰唇がハミ出しています。先生は細くしたレオタードで、グッショリ濡れてる割れ目を前後にこすりはじめました。

「あああ、見て、私の恥ずかしい食い込みオナニー見てください、私、これが好きなんです、いつもこうやって食い込みオナニーしてるんです」

黄色いレオタードを性器に食い込ませながら全身をクネクネさせている先生を見ながら、ぼくも自分のモノをしごきました。

「エロいな、先生。ねえ、おま○こ見せてよ。どうなってる？」

「は、はい、見てください。奈央美のいやらしいオナニーま○こ」

先生はレオタードをずらしました。黒い陰毛に囲まれた濃厚なピンクの割れ目が、目の前に剝き出しになりました。そこはもうグショ濡れで、白い本気汁が太ももの内側にも垂れています。先生の指がそれをすくって、プックリ充血したクリトリスに塗りつけると、ますます大声をあげて喘ぎはじめました。喘ぐというよりは、もうほとんど吠えているような感じです。こんな下品な声をあげるなんて想像もしていなかったぼくは、思いきりオナニーしまくりました。

「ああ、いやらしい。私のおま○こ見ながらオナニーしてる。私の生徒が私の変態おま○こ見ながらシコシコしてる」

「そうだよ、先生はいま、オナネタなんだよ」

「すごい、変態、もうたまんない。お願いです、こっちも見て。私はこっちも感じるんです。いつもこっちもさわっちゃうんです」

先生は後ろを向くと、お尻を突き出し、レオタードをまくってお尻の割れ目を丸出しにしにしました。キュッと引き締まったアナルがヒクヒクしています。ピンクというよりはちょっと濃い朱色をしていますが、それがまた卑猥です。いつもはレオタードに包まれているお尻を剥き出しにして、先生はそのアナルを自分の指でいじくりはじめました。クリトリスとアナルを同時に責めながら、先生はガニ股になって足をガクガクさせせました。

「ああ、感じる、お尻気持ちいい。見て、お願い、私、お尻の穴も感じるんです。自分でも肛門いじってオナニーしちゃうんです。見て、私の変態アナルオナニー」

先生は中指をピンと伸ばすとアナルに押し当てました。すると、指はそのままニュルニュルと穴の中に呑み込まれていきました。奥へ奥へと入っていくにつれて、先生は「あうっあうっ」と声を洩らし、やがて指が全部収まると、中で動かし、もっと大きくて下品な声を洩らしました。

「すごいな、先生。いつもそうやってアナルにも指を入れてるんだ」

「そうです、おま○こさわりながら肛門に指入れると、もう頭おかしくなりそう」

ぼくは平手で先生のお尻を叩きました。パンッという歯切れのいい音が、二人きりのスタジオの中で響きました。それを聞いて先生は、ますます興奮してしまったのか体をよじりました。

何度も何度もお尻を叩き、丸いお尻が真っ赤になってきましたが、先生はいやがりもせず、むしろ、もっと叩いてとおねだりしてきました。ぼくも夢中になって、右から左から、先生のお尻を叩きまくりました。

やがて先生は、もう我慢できなくなったのか、そのまま崩れ落ちて、床に四つん這いになると、頭を床につけてお尻だけを高く突き上げ、なおもクリトリスとアナルを刺激しつづけていました。先生の汗と愛液とお尻の匂いが混じったいやらしい臭気が部屋中にただよっていました。ぼくももう、いつでも二度目の射精をしそうなくらい昂っていました。

「先生、もうたまんないだろう、生徒の生ち○ぽを挿入されたいんじゃないの?」

「お願いします、このままバックから犯してください。生挿入して交尾してください」

まるでエロ漫画みたいな言葉を口にしながら、先生はお尻を振りました。

大勢の生徒たちがペニスを握りしめて先生に迫り、挿入して、次々と射精していく場面が脳裏に浮かびました。ほんとうにそんなことをしたら、先生は感極まってしまい、頭がおかしくなるんじゃないかと思います。

「先生、いつもこんなエロいこと考えながらレッスンやってるの?」

「そうです、私、レッスンの間ずっとエロい妄想してる変態女なんです。レッスンのあとはいつもこんな変態オナニーしてしまうんです」

「驚いた。みんなのあこがれの的の先生がこんなドスケベ女だなんて。こうなったらお仕置きだな。先生の大好きなち○ぽで、たっぷりお仕置きしてやるよ」

「はい、お願いします。ち○ぽでお仕置きしてください。いたぶってください」

先生はあらためて四つん這いになると、お尻を突き上げて、物欲しそうにプリプリ左右に振りました。おま○ことアナルが、どちらもヒクヒクしています。先生がこんな姿でぼくの目の前にいるというだけで、すぐに暴発しそうでした。

「いくよ、先生」

「お願いします」

パンパンに膨張した亀頭で先生のアソコのヒダをかき分けて、そのままグッと奥まで沈めました。

「ああああ」

いやらしい声をあげて、先生の体が震えました。両手でお尻をつかんで、最初はゆっくり、そのうちだんだん激しく突き刺しました。

すると先生は床に顔をこすりつけながら「ひいいいいい」というような奇声をあげ、お尻をブルブル揺らしました。

「いい眺めだな、先生。こっちの穴もさびしいだろう、ほら」

ぼくは先生のアナルに指をあてがいました。さっき自分の指で十分にほぐしていたので、指はヌプリという感じであっけなく呑み込まれました。

「ああ、そこ気持ちいい。お願い、激しく動かして」

願いどおりに中でかき回してやると、前の穴も反応してうごめきます。ほんとうに天性の変態なのだと思いました。二つの穴を男性器と指でズコズコ責められて、先生は動物のように声をあげました。

「あああ、これがいいの、ずっとこうされたかったの。変態女のおま○こと肛門をたっぷりお仕置きしてください。変態女って罵《ののし》ってください」

「変態女、奈央美はほんとうに変態だな。おま○こ犯されながら尻の穴をほじくり回されて感じまくってる変態マゾ女め」

「は、はい、そうです、奈央美はどうしようもない変態マゾ女です、みなさんの肉便器になりたいんです。そんなどうしようもない変態をもっと虐めてください！」

パンパンパンと歯切れのいい音をたてて、先生をバックから犯しつづけました。床に這いつくばってお尻を高く突き上げたポーズでお尻の穴まで指でかき回されている姿は、まさに変態そのものでした。

それから立ち上がらせて、壁に両手を突かせ、立ちバックでも犯しました。立ちバックでは大きな乳房がブルンブルンと激しく揺れるので、両手でしっかりとわしづかみにして、乳首を弄んでやりました。

「いつもまじめにヨガの授業してるスタジオで、おっぱいとケツを丸出しにしてバックでハメられてる気分はどうだい、先生」

「いやあ、言わないで、興奮しちゃう。明日から授業中に思い出したらどうしよう。私、絶対にアソコ濡らしてしまいます。みんなのアソコから目が離せなくなってしまいます。こんなド変態女だっていうことがバレてしまいます」

「バラしてやるよ、ここで先生と何やったかを、みんなに教えてやるよ」

「いや、やめて、お願い、それだけは許して」

「ワガママだな。だったら、このまま、ぼくの精液を飲んでくれるかな。そしたらみんなには内緒にしてやるよ」

「は、はい、飲ませてください、あなたのおいしい精液、全部飲みたいです」

それを聞いて、ぼくは二度目の射精に向かって一気に昂っていきました。さっきよりもたくさん出そうです。

「ああ、先生、出るよ、たまんない、飲んで、先生！」

最後の激しいピストンをくれてやると、先生は振り向いて床に跪《ひざまず》き、目の前のぬるぬるのち○ぽを咥えました。同時にぼくは思いきり射精しました。いままで味わったことのない快感でした。先生は射精の動きに合わせてのどを鳴らし、飲み干していきます。いままで見た先生の中で、いちばんきれいな顔をしていました。

これがぼくと先生の秘密の授業の一部始終です。もちろん二人だけの秘密です。次の授業のときは、いつもの先生と生徒の関係に戻っていました。でも実は、いまもときどき、ぼくだけ居残り授業をしています。変態奈央美先生の欲求を満たすために。

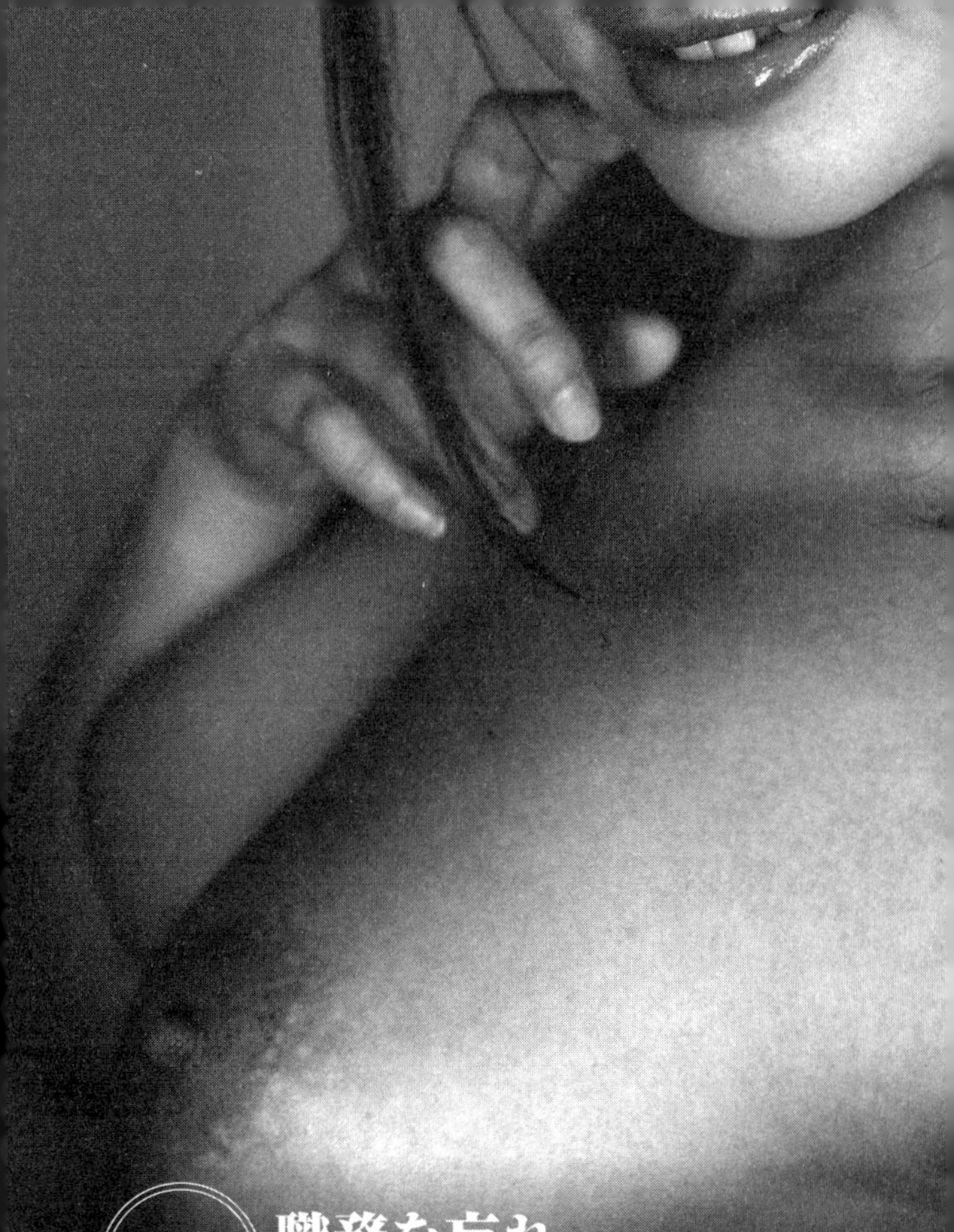

第三章 職務を忘れ猛る肉幹をむさぼる熟妻

入院中の若い患者の性欲処理を自ら手伝い病み上がりのチ○ポを味わうベテラン看護師

野村友紀　看護師・五十才

私は整形外科病棟に勤務している看護師です。

現場ではいちばん年上で主任をしています。看護師長のサポートをしたり、若い看護師たちの指導をしたり、ときには親身になって彼女たちの相談に乗ったりもしています。

私が若いころは、先輩方からだいぶ厳しく指導されたものですが、最近は特に人材不足が深刻なので、彼女たちには怒るよりも優しく注意したりご機嫌を取ったりしなければなりません。

気苦労も多いけれど、そのぶん、慕《した》ってくれる部下も多く、私が主任になってから、職場の雰囲気もよくなったと評価されているのでがんばっています。

それに、彼女たちと上手くやることで、若いパワーを分けてもらうことも多々あるのです。

家庭では子どもたちが巣立ってしまい、自分の役割が減ったので、そんなふうに職場で頼りにされることがいまは喜びとなっています。

あの日も、詰所で若い看護師らが何やら騒いでいたので、どうしたのか聞いてみました。トラブルの火種は早いうちに消さねばなりません。一人の看護師がふてくされた顔をして、患者さんにお尻をさわられたと言いました。

なんだそんなことか、とあきれました。お尻をさわるなんて、年寄りにとっては、リハビリか挨拶代わりみたいなものなのだから騒ぎ立てなくても、と思ったのです。けれども、彼女をなだめないとその場が収まりませんでした。

「まあ、いけないわねえ。手癖の悪いお爺さんは、何号室の誰かしら？」

聞いてみると、意外な答えが返ってきたのです。

犯人は、年寄りではなく、まだ三十歳の男性でした。高齢者との同室を嫌って、個室に入っている患者さんです。

実は私、彼が入院したときから、秘かに気に入っていたのでドキッとしてしまいました。最近は、高齢の入院患者で溢れ返っているので、自分より年下の男というだけでトキメキを覚えるくらいなのです。

ただ、私から見れば息子みたいな年齢のかわいい男性ですが、二十歳そこそこの看護師には、スケベな変態おじさんに映ってしまったようなのです。

彼は交通事故で足の骨を折った患者さんですが、術後の経過もよく、最近は松葉杖でウロウロしているところもよく見かけていたので、元気を持て余しているのだろうと思いました。独身で、しかも地方から出てきている人なので、家族の来訪もなく、なおさらストレスを抱え込んでいたのでしょう。

そんな状況の患者が、ちょっとお尻をさわるくらい大した問題ではないと思いつつも、新米看護師のご機嫌を取るために、言いました。

「まったくしょうがないわね。あとで厳しく、注意しにいってくるわ」

なかには、ほんとうにたちの悪い患者もいるので、報告を受けた以上、対処するのも私の役目なのです。

「お願いします。ああ、やっぱり主任に相談してよかった」

彼女がようやく笑顔になって言いました。

私は内心、彼の部屋に行くことにワクワクしていました。

一見するとそんなことをしそうにもない彼が、そこまで欲求不満になっているということが興味深く思えたのです。ちょっと下ネタでも振って、からかってみようかしらなんて思っていました。

そしてワクワクすると同時に、どうせさわるなら私をさわればいいのに、という若い看護師に対してのジェラシーも覚えていました。

個室は大部屋が並ぶ廊下の端っこにあります。

ふだんはどうしても、高齢者の介助に時間を取られてしまうので、手のかからない若い患者の部屋に行くのは必要最低限になっていました。

部屋の前に立ち、ノックしてドアを開けました。

名前を呼びましたが、返事がありませんでした。寝ているのかしらと思いながら、ぴっちり閉じられていたベッドサイドのカーテンのすき間から中を覗くと、彼は反対側の壁のほうを向いてベッドに腰かけていました。

イヤホンをして、食い入るようにスマホを見ていたのです。その背中をトントンと叩くと、大袈裟なくらい驚いて、こちらを振り向きました。

彼が振り向いた瞬間、驚いたのは私のほうでした。

スマホの画面には、いやらしい動画が映っていました。それだけならまだしも、パジャマのズボンを膝までおろして、股間のモノを握り締めていたのです。

彼は、あわてた様子で上半身を屈め、股間を手でおおいました。けれども、塞《ふさ》いだ指のすき間から、赤黒いペニスがニョキッとはみ出ていて丸見えだったのです。

皮をピーンと張りつめているペニスは、血管を浮き上がらせて反り返っていました。

そのとき、私は心の中で驚きの声をあげていました。

毎日、介助をする際に男性器は見慣れていますが、元気に勃起しているモノを見ることはありません。

それを見てしまった瞬間に、自分でも想像していなかったほど興奮してしまったのです。ちょっとからかうという軽い気持ちが吹き飛んで、本気で彼に興味を引かれてしまいました。

冷静さを装《よそお》いながら、彼に近づきました。

開いたカーテンをぴっちり閉じて、うつむいている彼の目の前に立ちはだかったのです。

「だいぶ元気になってきたようね。もう、痛みはないの？」

あくまでも看護師として向き合っているという体裁を保ちながら、剝き出しになっている性器を、近くでまじまじと見つめました。

患者の様子を見守るのは職務だし、ましてや彼は問題を起こしたのだから、把握しておく必要があると自分に言いわけしていましたが、それを見つめているうちに、ムラムラした気分がこみ上げてきました。

パジャマのズボンを上げようとした彼の手を、とっさに制していました。

「隠さなくてもいいわ。まあ、元気なおち○ちんだこと。これじゃ持て余すわよね」

まるで子どもをからかうような仕草で、どさくさ紛れに手を伸ばしてさわってしまいました。彼が「あっ！」と一瞬声をあげましたが、かまわず指先を巻きつけて握り締めました。

手のひらに、ガッチリと硬く、熱い感触を受けて、下腹部が締めつけられるような疼きを覚えました。

そのとき、そういえば夫ともしばらくしていなかったということを、あらためて思い出させられたのです。

彼は、一瞬困惑したようにモジモジしていましたが、ペニスは私の手の中で、怯《ひる》むどころかムクムクと硬さを増していました。

「元気なのはいいけれど、看護師に手を出しちゃダメよ。でも、気持ちはわかるわ」

耳もとでささやくと、「ご、ごめんなさい」と、蚊の鳴くような声で謝りました。

開き直る年寄りなんかより、よほど好感が持てました。立場上、注意したものの、すぐにかわいそうになってしまい、あわてて冗談めかしたのです。

「さわるなら、私みたいなベテラン看護師にしなさいよ。オバサンじゃダメ？」

そう言って、ふざけたようにお尻を振って見せました。

「いや、そんなことは……ありません……」

彼は、緊張に強張っていた顔をゆるめてニヤッと笑いました。

股間に手を伸ばしていると、自然に前傾姿勢になり、彼の顔に胸を押しつける格好になっていました。患者を抱きかかえることには慣れていたはずなのに、相手を男と意識したせいで、乳房までむずむず感じてしまいました。

そのままの姿勢で、握り締めたペニスをなで回していると、乳房に顔を圧し潰されていた彼の鼻息が荒くなってきました。甘えるように、潤《うる》んだ目で私の顔を見上げてきたのです。

胸ポケットに挿しているペンや、首にかけていた聴診器などの小物類が彼の頬に当たっていたのではずそうとすると、「あ、このままで」と、止められました。

「このままがいい。ハァ、ハァ。あぁ、本物の制服だ」

そう言って鼻を鳴らして、白衣の匂いを嗅いでいるようでした。

「看護師さんの体、柔らかくて温かい。こうしているだけでも気持ちがいい」

見舞い客もいない彼には、欲求不満と同時に、人恋しさもあったのかもしれません。

誰でも入院中は不安な気持ちに襲われるものです。

この仕事をしている者の性分でしょうか。そんなふうに頼り切って甘えるような態度をされると、面倒を見ずにいられなくなるのです。患者を思う気持ちと、自分の欲求とが重なって、やりすぎともいえる提案をしてしまったのです。

「それじゃあ、出しちゃいましょうか。生理現象なんだから、我慢も毒になるわ」

そう言って、ペニスをこする速度を速めました。

こすりながら、こんなに硬いのが、もしも体に入ってきたら、どれほど気持ちがいいだろう……なんて、おかしな想像が頭をめぐってしまいました。

そんなことを考えていたら、アソコからいやらしい液がにじみ出してきてしまったのです。生理もなくなってしまった股間が潤む感触は久しぶりでした。

私の体が感じはじめているのを見透かしたかのように、彼の手が両側から腰に巻きついてきて、お尻をなでられました。

「いやん、エッチね。私のお尻はナースの中でいちばん大きいのよ」

そう言って腰をくねらせました。

「知ってます。いつも見てましたから。こういう大きなお尻が好きなんです」

そんなふうに言われて、私は年甲斐もなくうれしくなってしまいました。

「看護師さんて、よく屈むでしょ？　このパンティラインがバッチリ見えるんですよ」

そう言いながら、いやらしい指先で、お尻のパンティラインをなでてきました。

確かに、仕事中は格好なんて気にしていられず、思いきりお尻を突き出したり、ときには患者さんの顔を跨《また》いだり、なんてこともあります。ましてや最近はパンツスタイルが主流なので、以前よりも大胆な動作をしてしまっているかもしれません。

それにしても五十歳になった自分まで、そんないやらしい目で見られているなんて、想像もしていませんでした。きっと白衣の魔力です。

「ああ、見た目どおりに柔らかくて、エッチなお尻ですね」

彼は、白衣の生地に指を食い込ませて、お尻をもんできました。

握り締めたペニスからは、いやらしい液がネッチョリと溢れてきて、指のすべりをよくしていました。それを握りながらお尻をさわられていると、ますます体がほてってきて、昂《たかぶ》りました。

ああ、このペニスを味わってみたい。そんな思いに突き動かされて、とっさにしゃがみこんでいました。

私は我慢できずにしゃぶりついてしまったのです。彼は驚いたような顔をしましたが、「うっ」と、気持ちよさそうなうめき声をあげて、腰を突き出してきました。

唇で締め上げるように吸いつきながら、のどに突き刺さるほど深く呑み込むと、ハァハァと息を荒げた彼が、胸元に手を伸ばしてきました。

白衣の上から胸をまさぐられると、思わず「ハァン」と声が出てしまいました。彼の指は、さらに首元のボタンをはずしはじめていました。

「いやん、これ以上はダメよ。ア、アアン。待って、我慢できなくなっちゃう……」

そう言っても、勢いを増した彼の手の動きは止まらず、開いた胸元から中に入ってきて、乳房をもまれました。

「ハッ、アアッ、誰か来たらたいへん。早く、早く出しちゃいましょう」

興奮に突き動かされるまま、頭を上下に振っていると、パンパンにふくらんだペニスが口の中で弾けました。

勢いよく噴射された精液は、あっという間に口の中いっぱいに満ちていました。

そのとき、携帯している院内PHSが振動したので、あわてた私は、口の中の精液を、残らず飲み干してしまいました。

「もう行っちゃうんですか？　またあとで来てくれますか？」

彼は射精してすっきりしたはずなのに、よほどさびしかったのか、後を追うようにすがってきました。私のほうこそ、体が疼いたままで離れがたかったのですが、振り切って立ち上がりました。

「このことは誰にも内緒よ。いい子にしていたら、明日また、してあげる」

もったいぶって言いながら、実はすでに、フェラをしている頭の中に翌日の段取りが浮かんでいたのです。次の日、私は夜勤です。スタッフが手薄になる夜勤帯なら、もっと彼の部屋に長居できるかもしれないと考えたのです。主任になってからは、夜勤が減ったことを喜んでいたのに、これほど楽しみになる日が来るなんて夢にも思っていませんでした。

その日の夜は、興奮してなかなか寝つけず、夫が寝息を立てるすぐ横で、股間をいじくってしまいました。

子どもたちが大きくなるにつれ、徐々にセックスの回数は減っていき、ここ数年はまったくしていませんでしたが、気にも留めていませんでした。

毎日仕事で疲れ切って帰ってくると、私自身もそれどころではなくなっていたのです。それなのに、思いがけぬ形で火が点いてしまい、自分でも制御しきれないほど体が敏感になっていました。

翌日、久しぶりに、パンツではなく、ワンピースを着ました。口うるさい看護師に勘ぐられる前に、「クリーニングが間に合わなくて」なんて言いわけまでして、彼のために着たのです。

日勤からの申し送りを終えると、前日、お尻をさわられた看護師に声をかけました。

「今日は、変なことされなかった？」

すると笑顔で、「主任のおかげで大丈夫でした」と頭を下げられました。本当は、部下の心配よりも、彼が私の言いつけを守ったかどうかを確認したかったのです。私に来てほしければおとなしく待っているはずだと思っていました。

「でも念のため、しばらくあの部屋は行かないで。私がいるときは担当するわ」

そう言うと、みんなホッとしたような顔を浮かべていました。

現場の司令塔がそう言って、誰が疑うでしょう。それは私にとってもみんなにとっても都合のよい判断なのでした。

その後も慌ただしい業務が続きましたが、合間に彼の部屋に顔を出しました。するると、まるで飼い主を待っていた忠犬が、尻尾を振って喜んだときのような顔をされました。

「今日は来てくれないのかと思っていました！　よかった。夜勤だったんですね」

彼は私に、すっかり心を開いてくれたようでした。

「顔色がいいわね。いい子にしていたみたいだから、深夜にまた様子を見にくるわ」

そう言って持ち場に戻りましたが、彼のことが気になってしかたありませんでした。彼のほうも待ち遠しかったのか、松葉杖をついてフラフラと廊下に出てきたり、談話室に座ったりして、忙しく動き回っている私の様子を遠くから眺めているようでした。

その日は運よくオペの患者もおらず、平穏な夜でした。

消灯時間も過ぎて一通りの業務を終えると、二人の看護師に休憩と仮眠を取るように言いました。自分とペアを組む看護師には、徘徊癖《はいかいへき》のある患者の見張りや、詰所でなければできない仕事を頼み、私が巡回に回ったのです。

私は彼と過ごすための準備を、着々と進めていました。

深夜一時を回ると、院内はひっそりと静まり返ります。ときおり、認知症患者の叫び声なども聞こえますが、緊急性の高い患者がいないときは、比較的ゆったりと勤務できる時間帯です。

見回りの最後に、彼の部屋をノックしました。

懐中電灯で足元を照らしながら入っていくと、彼はベッドに横になっていました。テレビを見ながら待っていたようです。

「起きていたのね。何か、お手伝いすることはあるかしら？」

様子をうかがいながら近づくと起き上がろうとしたので、「そのままで」と制して、傍に寄っていきました。足に負担をかけさせるわけにはいきません。

「昨日、あんなふうにしてくれたから、今日もたいへんですよ。ほら」

彼がそう言いながら、私の手をつかんで自分の股間へと導きました。

パジャマの上からでもほてりがわかるほど熱く、カチカチになっていました。

「まあ、またこんなになって。今日も、お口でしてほしいの？」

ささやき声で問いかけると、うれしそうにうなずきました。念のため、部屋の鍵をかけてから、さらにカーテンもぴっちり閉じました。

「万が一誰か来たら、着替えを手伝ってもらっているところだと言ってくれる？」

体が不自由になっている患者さんが夜中にトイレで汚してしまい、着替えを介助することは珍しくありませんし、時間があるときならば、不安解消のために話を聞いてあげることもあります。

少しくらいゆっくりしていても怪しまれることはないのです。

待ちきれないというふうに腰を揺すって催促するので、ベッドサイドの手すりをはずして、パジャマのズボンとトランクスを脱がせました。

弾けるように飛び出したペニスは、前日と同じように、いやらしい液を噴き出してヌルついていました。それを指で絡めながらゆっくりしごいてあげると、彼の手が胸元に伸びてきました。

「今日はワンピースなんですね。これもいいなあ。さわっていいですか？」

前開きの白衣のファスナーをおろされてしまい、窮屈に押し込まれていたEカップの乳房が勢いよく飛び出しました。

「うわ、すごくエッチなおっぱい。服の上から見るより大きいですね」

手のひらで包まれて、ブニュブニュと圧し潰すようにもまれました。前日に物足りなさを覚えたままだった乳房は、それだけで鳥肌が立つほど感じました。

「もっとこっちに来てください。すごい、柔らかい、ああ、舐めたい」

ねだられて、彼の顔におおいかぶさるような格好になると、ブラジャーの中から乳房を引っぱり出されてしまいました。

テレビの灯りに照らし出された乳房は、異様に白く浮かび上がって、乳首だけが恥ずかしいほど黒ずんでとがっていました。

その乳首に顔を寄せてきた彼は、口をすぼめて赤ん坊のようにチュウチュウ吸いついてきました。気持ちよさが全身を駆け巡り、彼の口の中で乳首はますます硬くしこっていきました。

「アッ、アアン。はっああん！　ダメね、気持ちよすぎて、声が出ちゃう」

深夜の密室ということで、二人とも前日より大胆になっていました。しっかり握りしめていたペニスも、私の指を押しのける勢いで、どんどん力強さを増していました。

「実は待ちきれずに、さっき一度抜いちゃったんです」

それを聞いて、あらためて若い貪欲さに驚きました。

「じゃあ、昨日よりいっぱい舐めてあげないと、出ないかもしれないわね」

いくら夜勤でスタッフが少ないとはいえ、何かあればすぐに戻らなければなりません。時間の制限があることで、かえって行為に及ぶハードルが低くなっていました。

あわよくば、体の中でも味わってみたいとさえ考えはじめていた私は、大急ぎで握り締めていたペニスにしゃぶりついていました。

露《あらわ》になった乳房をブルンブルンと揺すりながら、ペニスを咥えた頭を激しく上下に振って刺激を与えると、彼が気持ちよさそうにうめきました。

「ハァ、ハァ！　看護師さんは人の体に慣れてるのか、やっぱりじょうずですね」

そんなふうに言われて、ますます得意になってしまい、激しく舐め回していました。

言われてみれば確かに、常に人の体に触れているので、絶妙な力加減を知っているのかもしれません。

彼の手がまたお尻に伸びてきて、なでられました。さらにスカートをめくられて、指先が中に侵入してきました。

「昨日さわれなかった看護師さんのいちばんエッチなところ、さわらせてください」

ストッキングをずりおろされ、その奥に手を伸ばそうとした彼が、無理やり起き上がろうとしました。

「起きちゃダメよ、ケガにさわるわ。待って。私がそっちに行くから」

私は大胆にも、いそいそとベッドによじ登りました。自分自身がさわってもらいたくて、我慢できなくなっていたのです。

初めて患者の横で添い寝をしました。

そうしてみると、毎日勤務している見慣れた場所が、違う場所に思えました。ここで何日間も一人で天井を見上げていたら、確かにおかしくなってしまうかもと、初めてその不安がわかったような気がしました。

「長い間、毎日一人でがんばっていたのね」

若い看護師から、ただの変態扱いされてしまった彼がなんだか不憫《ふびん》に思えました。

抱き寄せると、彼は乳房に顔を埋《うず》めながら下腹部に手を伸ばしてきました。

ショーツが引きずりおろされて、もっとも敏感な部分をなぞられました。

「うわ、すごい、ヌルヌルになっているじゃないですか」

私の興奮を知った彼は、ヌルついた裂け目に指を突き立ててきました。

「アッハン、ウッ、ウッ～ン、ハッ、ハッ、感じるぅ……」

貫かれた快感に、思わず声が洩れてしまい、必死で唇を嚙みしめました。

もう何年も刺激を受けていなかった分厚いヒダがヒクヒクと痙攣して、彼の指を締め上げていました。静まり返った部屋の中では、クチュクチュと中をかき混ぜる音まではっきり聞こえました。

私が気持ちよさそうにしていると、彼はますます大胆なことを求めてきました。

「あの、顔に跨《また》がってもらえませんか？　白衣の中身を、舐めてみたいんです」

彼は思いのほか、ワンピースの白衣に喜んで興奮していたようでした。

看護師になって初めて白衣を着たときには、とても神聖な気持ちになったのを覚えています。それから数十年がたち、まさかその下の肌着を脱ぎ捨て、患者の顔に跨る日が来るとは夢にも思いませんでした。

恥ずかしさはありましたが、迷っている時間はありません。彼の顔にお尻を向けてスカートのすそをまくり上げ、跨りました。

彼は目の前に迫ったお尻をなで回しながら、うれしそうにつぶやきました。

「ああ、よく見えます。クリトリスが真っ赤にふくらんでますよ」

ペチャペチャと音を立てながら敏感な部分を舐められて、体がのけぞり、思わず陰部を顔に押しつけていました。

あまりの気持ちよさに叫んでしまいそうになったので、上半身を倒してペニスをしゃぶって口を塞ぎました。

彼が枕元のライトを灯《とも》しました。

「いやぁん、そこをつけたらもっと丸見えになるじゃない、アアン、恥ずかしい」

恥ずかしいのに、チロチロと動き回る舌の動きに逆らえず、彼の顔の上でお尻を揺すってしまいました。

「アッ、アッ、体中がムズムズして、おかしくなりそうっ、ハヒッ、ヒィン！」

彼の顔を跨いでいた脚が、気持ちよさに震えだして、全身から汗がじっとり噴き出してきました。昂《たかぶ》りがピークに達してしまいそうになったとき、彼が私の腰を押さえながら言いました。

「待って、出ちゃう。こんなに濡れているのに、入れさせてくれないんですか？」

相手がケガ人であることから、わずかにためらいが残っていたのです。けれど、その機会を逃したら、当分の間、夜勤がないこともわかっていました。彼だってもうすぐ退院してしまう、そう思ったら我慢できなくなってしまいました。

「アァン、私だって入れたいけど心配なの。あなたがじっとしていてくれるなら」

体の向きを変え、彼の股間に跨ると、できるだけ体重を乗せないように膝を立てて、ゆっくりと陰部をこすり合わせました。

反り返ったペニスの先端をクリトリスにこすり合わせただけで、激しい快感が走りました。彼は、枕を高くして首を持ち上げ、ライトに照らし出された陰部をじっと見つめてきました。

両脚をしっかり大きく広げていたせいで、ぱっくり割れている裂け目が丸見えになっていました。

いくら個室とはいえ、静まり返った深夜の聞き慣れない物音には、看護師も患者も敏感です。ベッドが軋《きし》んで音を立てないように、静かに膝をすべらせながら腰を落としていきました。

パンパンの亀頭は、ヌルついたヒダのすき間に、一瞬ですべり込んできました。

先端が入ってしまうと、あとはペニスが勝手にこじ開けるようにして、奥まで突き刺さってきました。前日からの疼きにとどめを刺されて、下半身全体がとろけそうな快感に包まれていきました。

「アフ、ハフ〜ン、いいっ！　ああ、すごくイイ、アッウ〜ン！」

足の傷に響いてはいけないので、激しく動かしたい気持ちをこらえて、ゆっさゆっさと静かに腰を振りました。

想像していたよりも遥かに奥深くまで到達したペニスにこすられて、いやらしい液がタラタラと溢れ出しました。

キュウッと締め上げるたびに、彼がもどかしそうに腰を突き上げてきました。

「アハン、ダメ、あなたは動いちゃダメ、アハン、ハアァ〜」

激しくピストンできないぶん、腰を上下左右に回転させました。音も声も殺さなくてはいけないうえに、ケガまで気遣うセックスなんて初めてでしたが、制限が多いぶん、敏感な局部に神経が集中して、思いのほか興奮したのです。

「イキそう……、あっ、あっ、イッちゃう、ウウンッ！」

相手が身動きできないのをいいことに、自分のペースで動いていたら、あっという間に達してしまいました。

はだけた乳房を揺すりながら、ピクピクと体をふるわせていると、彼のモノが子宮にまでめり込んできました。

「ぼくも、出ちゃう！　白衣の中にぶちまけていいんですね！　ああ、イク……」

大量の精液が、体の奥に注がれた感触を味わって、悦びに震えました。

そのあと、汗だくになっている彼の体を、熱いタオルで拭いてやり、新しいパジャマに着替えさせると、息をととのえ、何食わぬ顔で詰所に戻ったのです。

それから毎日、彼の病室に行きました。少しでも時間が許せば、フェラをしてあげたり、胸やお尻をさわらせてあげたりして、自慰行為のお手伝をしていました。もちろん私自身が愉しむためだったのですが、その結果、素行のよくなった彼に対して、ほかの看護師たちも偏見を捨てはじめました。

「足さえ元どおりになれば、大きいお尻を見ながら立ちバックで入れるのになあ」

彼はそう言ってリハビリをがんばっていましたが、回復はお別れを意味していました。

外でも会うことは可能でしたが、退屈と不安から解放された彼に、もう私は必要ないはずです。ましてや白衣を脱いだら、どこにでもいる中年女であると気づかれてしまうので深追いはしませんでした。

いまはまた、仕事に励みながら、そんなふうに若い看護師のおこぼれにあずかる機会をうかがっているんです。

ごほうびのキスのために一念発起し大学合格
美人家庭教師は童貞喪失まで指導して……

井口進也　会社員　四十歳

あれは私が大学受験で二浪していたときのことです。当時の私は将来に対する夢のようなものも特になかったので、受験勉強にも身が入らず、毎日をただダラダラとテレビゲームばかりして過ごしていたんです。

そんな私のことを心配した親が、なんとかやる気を出させようと家庭教師をつけてくれました。その家庭教師の名前は木村美和《きむらみわ》さん。当時、確か三十二歳だったと思います。

美和さんはもともと中学校の先生をしていたのですが、結婚して子どもができて、子育てのためにいったん退職したんだそうです。その子どもも小学校に通うようになり、少し時間ができたために家庭教師を始めたということでした。ほかにも教えているらしく、私は火曜日と金曜日の昼間、子どもが学校に行っている間の二時間ずつ、教えてもらうことになりました。

それまでまったくやる気がなかった私ですが、美和さんが家庭教師に来るようになってからは、人が変わったように勉強するようになりました。それはもちろん両親の気持ちに応えたいからではなく、美和さんが癒やし系の美人だったからです。

美和さんは色白でむっちりとした体つきで、それまでの人生で女性とまったく縁のなかった私にとって、大人の魅力的な女性と狭い部屋の中に二人っきりでいるというのは、まるで夢のような時間だったのです。

でも、試しに一カ月だけ家庭教師に来てもらい、もしも模擬テストの成績が上がらないようなら辞めてもらうと母親に言われていたんです。だから成績が上がらなければ美和さんとは会えなくなる。そんなのは絶対にいやだったので、一所懸命勉強するようになったのでした。そのかいあって、私の学力はみるみる上がっていきました。

「すごいじゃないの。やればできるんだから、もっとがんばりましょうよ」

前回から成績が急上昇した模擬テストの結果を見せると、美和さんはすごくよろこんでくれて、私の手を握り締めました。女性に手を握られたのは、フォークダンス以外では初めてのことです。しかも美和さんの手はすごくなめらかでしっとりしていて、ただ握られただけですごく気持ちいいんです。

もしもこの手でペニスを握られたらどんなに気持ちいいだろう。まだ童貞だった私はそんなことを考えて、机の下で股間をふくらませてしまいました。

そして、また美和さんによろこんでもらいたい、また手を握ってほしいという思いで一所懸命勉強していた私ですが、ふとした瞬間に、美和さんの左手の薬指に光る指輪が目に入ってしまうんです。そのたびに美和さんは既婚者なのだと意識させられるのでした。

その日も勉強している最中に、美和さんが旦那さんと裸で抱き合っている様子が頭の中に浮かんできて、そのイメージを振り払おうと私は頭を振っていました。

「進也《しんや》君、どうしたの？」

美和さんにたずねられて、私はあわててごまかそうとしました。

「昨夜見たテレビドラマのことを思い出してて……」

「そんなことじゃダメよ。いまがんばらなきゃ、また受験に失敗するわよ。もっと勉強に集中しなきゃ。どうすればやる気を出してもらえるのかしら」

そう言って美和さんは自分のあごに手を添えて、考え込むように首を傾げました。

その様子がかわいすぎて、私はとっさにとんでもないことを言ってしまいました。

「大学に合格したらキスしてください！」

美和さんはそれでなくても大きな目をさらに大きく見開いて私の顔をじっと見ました。とんでもないことを言ってしまったと私は後悔しました。いままでずっと美和さんに対していやらしい感情を抱いていたことを告白してしまったようなものです。きっと怒られる。ひょっとしたら、そんな変なことを考えているなら今日で家庭教師を辞めると言われてしまうかもしれない。いまのは冗談だと言わなければと思って口を開こうとしたとき、それより先に美和さんが頰を赤らめながら言いました。

「いいわよ。さあ、がんばって勉強しましょう。まずこの問題を解いてみて」

そう言って問題集を私の前に突き出しました。いま、「いいわよ」って言いましたよねと確認したい思いにとらわれましたが、もしも確認したら「嘘よ」と言われそうで怖くて、私はなにごともなかったかのように問題を解きはじめたのでした。

その後、努力が実り、私は第一希望の大学に合格しました。電話で美和さんに伝えると、ものすごくよろこんでくれました。

「じゃあ、次の火曜日にお祝いを持っていくわね」

電話口で美和さんはそう言ってくれました。そして、待ちに待った火曜日がやってきました。

「あら、お母様はいらっしゃらないの？」

玄関で私が出迎えると、美和さんは家の奥をのぞくようにしながらたずねました。

その日、母は友だちと旅行に行っていました。私の受験が無事終わったので、疲れを癒すためです。そのことは知っているはずでした。私がそう言うと、「ああ、そうだったわね」と美和さんも思い出したようでした。

「じゃあ、とりあえずお部屋に行きましょうか」

美和さんは先に階段をのぼっていきました。下から見上げると、白いジーンズをはいた丸いお尻が左右に振られてすごくエロティックなんです。私は股間が痛いほどに勃起していました。それはもちろん合格したらキスしてもらえるという約束のことを覚えていたからです。

「さあ、お祝いよ」

部屋に入ると、美和さんは私の顔を見ながら言いました。

「はい。よろしくお願いします」

私は気をつけの姿勢でじっと待ちました。だけど美和さんは私にキスすることはなく、カバンの中からリボンがついた小さな包みを取り出したんです。

「合格おめでとう。これ、お財布よ。恋人ができてデートをしたときに、マジックテープの財布とか使ってると恥ずかしいでしょ」

そう言って美和さんは笑いました。でも、私は笑うことはできませんでした。合格したらキスしてくれるという約束は嘘だったんだと失望してしまったんです。

「どうしたのよ？　そんな顔しちゃって……」

美和さんは私の頬にそっと手を添えて、顔を近づけてきました。そして、二人の唇が軽く触れたんです。まるで電気が走ったように私の体はビリビリしびれました。

「先生……」

「だって、約束したでしょ？　よくがんばったわね」

そう言うと美和さんはもう一度、今度は少し長めのキスをしてくれました。

「いまのはサービスよ。じゃあ、私は帰るわね。もう受験も終わったから家庭教師は必要ないものね」

さっさと部屋から出ていこうとする美和さんの腕をつかんで引き留めました。

「待ってください！」

「なに？」

「今度はぼくがお礼をする番です」

私は美和さんを抱き締めてキスをしました。さっきの二回のキスよりもずっと長く、熱烈なキスです。すると、美和さんの荒くなった鼻息が私の頬をくすぐりました。と思うと、唇をこじ開けるように美和さんの舌が私の口の中に入り込んできたんです。

「うっ……」

キスをしたのが初めてですから、もちろんディープキスも初めてです。だけど私は美和さんの舌に自分の舌を絡め返しました。ぴちゃぴちゃくちゅくちゅと音を鳴らしながら、私たちはお互いの舌を舐め回しつづけました。そして、どちらからともなく唇を離すと、鼻先が触れ合うほどすぐ近くから見つめ合いました。

「進也君、いまのはどういうつもりなの？」

咎《とが》めている様子はありません。それどころか美和さんはうっとりとした表情を浮かべているんです。当時の私はまだ童貞でしたが、それでも美和さんがなにを望んでいるかははっきりとわかりました。

「ぼく、先生のことが好きなんです。だから……だから先生とセックスがしたいんです」

美和さんは色白の頬をほんのりと上気させながら視線を下へ向けました。そして、右手で私の股間をそっとさわったんです。

「まあ、硬くなっちゃってる。どうして？」

「そ……それは……先生が魅力的だから」

「うれしいわ。そんなことを言ってくれるのは進也君だけよ。私、子どもを妊娠してから一度もセックスしてないの」

「え？　ほんとですか？」

結婚しているのに、そんなに長い間セックスをしていないなんて、当時の私には信じられませんでした。

「結婚って、そういうものなのよ。だけど、夫に女として見られないのはけっこうつらいものなの。もう私は女として終わってしまったのかな、なんて思ったりして」

「終わってないです！　先生とセックスしたくないなんて、旦那さんがおかしいんです。ぼく、すごくしたいです。したくてしたくてたまらないです」

私はそう言いながらズボンとブリーフをいっしょに脱ぎおろしました
「す……すごいわ。私のことを思いながら、こんなになってたのね？」

私のペニスはバナナのように反り返り、先端がヘソの下につきそうになっているんです。我ながら、あきれるほど元気です。そのペニスに美和さんがそっと手を触れました。ひんやりと冷たい指の感触に、私のペニスはビクンと脈動しました。

「はあぁぁん。私のために勃起してくれてるなら、気持ちよくしてあげなきゃダメよね。それに今日は合格のお祝いでもあるしね」

不倫の言いわけが必要なのでしょう。美和さんは自分に言い聞かせるように言い、ペニスを握り締めたまま手を上下に動かしはじめました。

「ああ……気持ちいい……。先生……うう……すごく気持ちいいですよ」

「はあぁん。そんなに気持ちいいの？　だったら、もっと気持ちよくしてあげるわ」

美和さんはそう言うと膝立ちになり、私の股間に顔を近づけてきました。そして、根元から先端にかけて、つーっと舌先をすべらせたのでした。

「あっうう……」

気持ちよすぎて、私は思わずうめいてしまいました。だけど、そんなものはまだ序の口です。数回そうやって舌先をすべらせると、美和さんはカリクビのあたりをくすぐるように舐めはじめたんです。

「あっ……ダメです……。うう……そこは気持ちよすぎて……。ううぅっ……」

両腕を体の後ろで組んだまま、私は体をくねらせました。そんな私の反応をおもしろがるように、美和さんはチロチロとカリクビのあたりを舐めつづけました。そして、いまにも爆発しそうになっているペニスを右手でつかみ、先端を自分のほうに引き倒し、亀頭をパクッと口に含んでしまったんです。

「あっ……先生……ううう……」

美和さんは口の中の粘膜でねっとりとペニスを締めつけながら、首を前後に動かしはじめました。生まれて初めて経験するフェラチオの快感は、想像以上に強烈でした。

「そ……それ、すごく気持ちいいです。あうう……」

私は両手を体の後ろできつく握り締めて身悶《みもだ》えしました。それでも股間を突き出したままです。もっともっと美和さんのフェラチオを味わいたかったんです。

そんな私の気持ちにこたえるように、美和さんは舐めしゃぶる勢いを徐々に激しくしていきました。ジュパジュパと唾液がいやらしく鳴り、美和さんの唇の端からよだれが溢れ出て、あごのほうに流れ落ちていきました。気持ちよすぎて、このままでは美和さんの口の中に射精してしまいそうです。

「だ……ダメです、もう！」

私はあわてて腰を引きました。するとペニスが美和さんの口から抜け出て、唾液をまき散らしながら亀頭を跳ね上げました。

「はあぁぁん……。進也君、どうしたの？」

「フェラはもういいから、今度はぼくが先生を気持ちよくしてあげますよ」

童貞の見栄で、フェラチオで射精しそうになったことを知られたくなくて、私はそう言って襲いかかろうとしました。そんな私を制して美和さんが言いました。

「ちょっと待って。服が汚れると困るから、先に脱いじゃうわね。進也君も脱いで」

美和さんはその場に立ち上がり、まるでいまからお風呂に入るかのように自然な感じで服を脱ぎはじめました。私はそれをじっと見つめました。その視線を感じながらも、美和さんは特に咎めようとはしません。

そして、すぐに一糸まとわぬ姿になりました。全裸になった美和さんは、想像していたとおりのメリハリのあるボディで、胸の形もよくて、陰毛が薄くて……。

「あぁ……すごい……すごくきれいです」

「なんだか恥ずかしいわ。さあ、ベッドへ」

美和さんは先にベッドにのぼり、あおむけになりました。私も全裸になってベッドにのぼり、美和さんにおおい被さりました。胸をもむと、すごくやわらかくて弾力があって、最高のさわり心地です。

いつまでもさわっていたい思いもありましたが、やはり胸よりもオマ◯コのほうが興味があります。私はゆっくりと手を下のほうへすべらせていきました。陰毛を通り過ぎ、股間に指が到着すると、そこはもうヌルヌルになっていました。

「先生、これって……」

「進也君の元気なオチ◯チンをしゃぶってたら、こうなっちゃったのよ」

恥ずかしそうに顔をそむけて美和さんは言いました。美和さんも興奮してくれていたということがうれしくてたまりません。その場所をしっかり目で確認したくなり、私は体を下へずらして美和さんの両脚を左右に押し開きました。

「あっ、ダメよ。こんな明るい場所でなんて、恥ずかしいわ」

美和さんはとっさに股を閉じてしまいましたが、ここで引くわけにはいきません。

「いいじゃないですか。今日はお祝いなんでしょ？　それにぼくはお礼をしたいんです。アソコを舐められると気持ちいいんでしょ？　舐めさせてくださいよ」

一所懸命頼むと、美和さんの股がゆっくりと開きはじめました。

「そんなに言うなら……。だけど、気持ちよくしてくれなきゃダメよ」

「はい、先生！」

私は元気よく返事をして、美和さんの股を左右に押し開きました。

「あっ、す……すごい……」

そのときの私の感動は、言葉では言い表せないものでした。生まれて初めて見る生の女性器があこがれの家庭教師である美和さんのもので、しかもすごくきれいなピンク色で小陰唇も小ぶりで上品で、おまけに私のことを思いながら大量にエッチなお汁を溢れさせているのですから。私は迷わずそこに食らいついていきました。

「あっはあぁぁん」

頭上で美和さんの切なげな声が聞こえました。気をよくした私は、割れ目をベロベロと舐め回しつづけました。

「あああ……いい……。気持ちいい……はあああぁ……」

喘ぎながら美和さんは、私が舐めやすいように股を大きく開いていきました。

「ああ、先生……。気持ちいいですか？　ぼくのクンニ気持ちいいですか？」

「ええ、気持ちいいわ。でも……ここを……。ここを舐めてくれたら、もっと気持ちいいと思うの」

そう言うと美和さんは、自ら皮を押し下げてクリトリスを剥き出しにしてくれました。そこはすでにパンパンにふくらんでいるんです。

当時の私はまだ女性の体のことがよくわかっていなかったので、とにかくアソコを舐めれば気持ちいいと思っていたのです。でも、ほんとうに感じる場所はクリトリスだけなんですよね。

そのことを優しく指導してもらった私は、迷わずクリトリスをペロペロ舐めてあげました。すると、さっきまでよりもさらに激しく美和さんは悶えはじめたんです。

「はあっ……いいっ……すごく気持ちいいわぁ……。も……もうイキそうよ。あああっ……イクイクイク……あっはあああんっ」

次の瞬間、美和さんの体がビクンと跳ね、私は弾き飛ばされそうになりました。

「イッたんですか？　先生、ぼくのクンニでイッちゃったんですか？」

私がたずねると、美和さんは気怠《けだる》げな声で言いました。

「そうよ。すごくじょうずだったわ。でも、まだアソコの奥がムズムズしてるの。ねえ、進也君のオチ○チンでそこをかき回して」

もちろん私に異存があるわけがありません。すでにペニスも臨戦態勢なのです。すぐにでも襲いかかろうとした私を、美和さんの言葉がとめました。

「ちょっと待って、その前に。私は人妻だから、いちおうね」

美和さんは机の上に置いてあった自分のカバンからコンドームを取り出して、それを私のペニスにはめてくれました。なぜそんなものを持ち歩いていたのか？　ひょっとしたら最初からそのつもりで私の部屋に来たのではないかと思いましたが、そんなことを確かめている余裕はありません。

「入れますよ」

大きく開いた美和さんの股の間に体をねじ込み、ペニスの先端を膣口に押し当てました。私は童貞でしたが、それでも知識だけはいっぱいあったので、場所をまちがえるわけはありません。

　そして、ゆっくりと腰を押しつけていきました。自分でもあきれるほど大きくなっていたペニスですが、美和さんのアソコはヌルヌルになっていたので簡単にすべり込んでしまいました。その中は温かくて、キュッキュッと断続的に締めつけてくるのがたまらなく気持ちいいんです。

「先生……。先生のオマ○コ、すごく気持ちいいです」

「ああぁぁん……。動かしてぇ。めちゃくちゃ動かして、奥のほうをいっぱいかき回してぇ。はあぁぁぁん……」

「こう？　こんな感じでいいですか？」

　私は美和さんの上に乗って、腰だけをめちゃくちゃに動かしはじめました。そんな動かし方はそれまでしたことがありませんでしたが、まるで生物に先天的に備わっている動きのように、すごい勢いで動くんです。

「ああっ……いい……気持ちいい……はあああん……」

　クンニで一回イッたばかりの女体は敏感になっていたのか、美和さんはすぐに苦しげな声を張りあげはじめました。と同時に、膣壁が絞るように私のペニスを締めつけ、その気持ちよさは童貞には強烈すぎるんです。

「ぼ……ぼくもう……もうイキそうです。ううう……」

私が言うと、美和さんも苦しげな声でこたえました。

「私も……私もイキそうよ。あああああっ……イクイクイク……イク～！」

「ああっ……先生……で……出ちゃう……。ううううっ！」

私たちは同時にイッてしまいました。最高の瞬間でした。二浪しててよかった。そうしみじみ思ったのでした。

「先生、また会ってもらえますか？」

すべてを終え服を着ている美和さんにそうたずねると、返事は予想外のものでした。

「それはダメよ。今日は合格のお祝いだったから特別なの。それに進也君はこれから大学生になるのよ。同年代のかわいい女の子と楽しい思い出をいっぱい作らなきゃ。私も夫と息子と三人で楽しい思い出をいっぱい作るようにがんばるから、どっちのほうが人生を楽しめるか競争しましょ」

そう言って美和さんは最後に軽くチュッとキスをしてくれました。

それ以降、私は美和さんと一度も会っていません。でも、この場を借りて言いたいです。先生、すばらしい初体験の思い出をどうもありがとうございました！

パート先の店長に熱烈に迫られた貞淑妻は誰もいない店内で全身をいやらしく愛撫され

立花奈保子　パート・三十九歳

私は、まじめだけが取り柄の主婦です。

結婚以来、子育てに忙殺され、ローンの足しにとパートを始め、気がつけば四十手前まで来ていました。

現在のファミレスでパートを始めたのは三年ほど前ですが、飲食業はどこも慢性的に人不足なので、ほとんどの仕事ができるようになっていました。

まじめのうえにくそという冠がつく、などと旦那に言われる私が、ファミレスの店長と、人生初めての不倫セックスを経験したのは一カ月前でした。

先月のその日、私は閉店後のホール清掃を一人でこなしていました。

「立花《たちばな》さん、今日は元気がなかったですね。何かあったんですか？」

まだ二十七歳の、大学を出て四年で店長を任されているエリートさんです。私はその店長から、三年前に面接を受けていたのです。

「すみません。態度に出ていましたか……ゆうべ、主人と遅くまでもめまして」

私のパート勤めを軽んずるような発言をした旦那にカッとなり、深夜まで責めたのでした。

「家のローンのために働いてるのに、あんな言い方をするなんて……」

「売り言葉に買い言葉でしょ。旦那さんもきっと反省してますよ」

独特の優しさを宿したまなざしで店長は私を見つめてきました。不思議なことに、その目に見つめられただけで、一日中私を苦しめていた不快な怒りがすっと溶けていくような気がしました。

「店長って、若いのにどこか達観したところありますね。エリートさん故《ゆえ》なのかな」

「ぼくだって、なにもかもイヤになって逃げ出したくなるときがありますよ」

「このまま二人で逃避行でもします？」

それこそ売り言葉に買い言葉のように、ふだんなら口にしない冗談が出ました。

「いいですね！　手に手を取って、北海道の果ての果てにでも行きましょうか」

店長の温かいノリのよさに、満面に笑みが浮かんでしまいました。

「でも、私みたいなくたびれたオバサンじゃ、愛の逃避行もつまらないでしょう」

「とんでもない。ホントに荷物をまとめて出発したいぐらいです。新幹線や飛行機じゃなくて、鈍行で一晩中手をつないでね」

冗談とわかっていても魅力的な申し出でした。しかし同時に疑問もわきました。

「私は店長よりも一回りも年上なんですよ？」

「立花さんなら、二回り上でもオッケーです」

笑うところのような言葉でしたが、二人とも笑いませんでした。

そっと私に近づいてきた店長は、なんと私をゆっくりと抱き締めてきたのです。

「ちょっと、店長……！」

「イヤなら突き放してください。大声を出してもかまいません」

私は自分の息が荒いのか、止まっているのかもわからなくなりました。

「……そんなこと、しませんけど……」

結婚以来、初めて夫以外の男性に抱きすくめられ、私は彫像のように身が硬くなりました。気がつくと私も、消極的に店長の体に腕を回していました。

「立花さん、ちょっと顔を上げてください」

見つめて話しかけるのかと思い、おそるおそる顔を上げると、いきなりすぐ目の前に店長の顔がありました。そして私に唇を重ねてきたのです。

初めてキスを経験する女子学生のように、私は目も唇も強く閉じて、店長のキスを受けていました。このときに拒《こば》まなかったのは、直前の逃避行の話が頭にあったからだと思います。逃避行の夜に二人が必ずすることが、頭の片隅にあったのです。

ゆっくりと店長が唇を離すと、体から少しだけ力が抜けました。

「ダメです、こんなの……ホントに不倫じゃないですか」

緊張が少し解けると、私は自分の股間が熱く湿っていることに気づきました。

主人とは週一回程度、マンネリな夜のイベントをしていますが、コトが始まる前にこんなに濡れているのはずいぶん久しぶりでした。

店長がまた顔をよせてきたと思ったら、今度は私の耳たぶを唇で甘噛みしてきました。コリコリといたぶり、耳の穴に舌をホジ入れてきたのです。

「あんん、ダメです、店長……くすぐったい」

自分の耳にも気恥ずかしい、上擦った高い声が出ました。同時に全身に鳥肌が立ち、目に見えてブルッと震えてしまいました。

「立花さん、もう一度、キス……」

私は返事をしませんでしたが、もう口は半開きになっていました。

再び唇が重なると、店長はすぐに舌をこじ入れてきました。

凄まじい罪悪感を覚えつつ、私も唾液で満たした舌を店長の口にねじ込みました。

店長は私のお尻を、ユニフォームのスカート越しにワシワシとなでてきました。

「ああ、立花さんのお尻、やわらかい……思ってたとおりだ」

いったいなにを思っていたというのでしょう。ユニフォームのスカートはどちらかというと短めで、パート始めのトレーニングのときに少し抵抗を覚えたものでした。

(店長の手、なんて乱暴で優しいの……若いのに、大きな手……)

電車で不愉快な痴漢にあったことは何度かありましたが、そのときの私は、不愉快になるどころか、何か強い力で庇護《ひご》されているような安心感を覚えたものでした。反面、私は恥ずかしさでお尻をギュッと締めました。

「あ、店長、いけません……!」

お尻をまさぐっていた店長の手のひらが、スカートをくぐってストッキング越しのお尻に直接触れてきたのです。

「お尻、また硬くなった。力を抜いてください……この下はすぐにパンティ、そしてナマのお尻、ですね」

わかりきったことを、店長はゆっくりと言いました。

店長は残った片手で、ユニフォームのブラウスの上から胸をわしづかみにしてきました。私はお腹からゆっくりと息を吐き、予期せぬ官能から理性を保とうとしました。

スカートの中に入った店長の手が、ゆるゆると前に回ってきました。

「ああん、店長！」

パンティとストッキングの上から、手のひらで性器を包み込まれ、私は大きな声を出してしまいました。体を「く」の字に折って逃げようとしましたが、店長の手のひらは執拗《しつよう》でした。私のアソコが湿っているのにも気づいたことでしょう。

「立花さん、ぼくのこと、どう思いますか？」

このタイミングで、店長はそんなことを聞いてきました。

「……好きです」

そう答えてしまい、私は自分がどんな罪を犯そうとしているのかを実感しました。

「ぼくもです。面接したときから、ずっとこんなことしたいと思ってたかも」

ストッキングの上から性器をなでられ、そんなことを至近距離で言われた私は、ほんとうに全身から力が抜けてしまいました。

「おっと、大丈夫ですか？」

くずおれそうになった私を、店長が抱き支えてくれました。そのまま息も止まるほど強い力で抱き締められたのです。

そのわずかな沈黙で少しだけ冷静になった私は、店長に尋ねました。

「……どこまで、するんですか？」

自分でも驚くほど低い声でした。

「最後まで」

店長も、抑揚を欠いた低い声で即答しました。

店長の目の先に、ホールの壁際のベンチシートがありました。硬い板ではなく、クッション性の強いソファ仕様のシートです。窓の多い客席ですが、営業終了と同時にカーテンをすべて閉めています。

二人でゆっくりベンチシートに進むと、私はほとんど自主的に横になりました。

こんなことは人生でただ一度きり。そのときまで私はそう思っていました。一生にたった一度きりの過ちなのだと。

「うふふ、お客様の座るシートで横になるなんて」

小さな笑い声が出ましたが、むろん強がりです。

店長は私の横に膝をつき、またキスをしてきました。

そうしてブラウスのボタンをはずしてきたのです。

白いブラジャーが現れると、店長は立ち上がりました。

こんなことなら、もっと素敵なブラをしてくるんだったと内心思いました。いわゆるオバサンブラジャーだったのですが、こんな展開を予想できるはずもありません。

店長はブラジャーを上にずらしました。現れた乳房を、店長は怖いような眼差しで見つめていました。その怒ったような顔のまま、店長は私の乳房にむしゃぶりついてきたのです。

「あああっ……店長！」

私は顔をのけぞらせて高い声をあげました。

乳房を舐め犯しつつ、店長はスカートの上から股間に触れてきました。私はベンチシートの上で脚を閉じ、もぞもぞと店長の手のひらのイジワルに耐えていました。

ブラウスを観音開きにされ、ブラジャーをずらされたまま乳房を舐められるのは初めてでした。セックスは夫とだけの経験で、当然裸でするものだったからです。

「立花さん、脱がしますよ……」

ゆっくりと立ち上がった店長は、私の下半身に向かい、スカートの中に両手を入れてきました。私は少しお尻を上げ、次に膝を立てて、ストッキングを脱がすのを手伝いました。

「すみません、ストッキングをじょうずに脱がすの、苦手なんですよ」

「かまいませんよ。あとで私服に着替えるとき、ジーンズですから」

店長はしわくちゃになった黒いストッキングを両手に持ち、なんと顔に近づけて匂いを嗅いだのです。

「やめてください、恥ずかしい……」

店長は少しほてった顔で苦笑を浮かべると、私の両膝をつかんできました。

「立花さん、こんなパンティはいてたんですね」

レースのついた白のフリルでした。もう少し色っぽいものにしておけば、とやはり後悔したものでした。

「立花さん、ココ、じっとりしてます」

店長はそんなイジワルを言ってくるのです。

「店長のせいです」

私は羞恥に顔を熱くし、開き直り気味に言いました。

「うれしいです。ぼくのために、準備してくれてるんですね」

そうして店長はパンティにも手をかけてきました。

「えっ、ちょっと、店長……!」

さすがに強い抵抗を覚え、私は両手で股間を押さえました。

「立花さん、手をどけてください。パンティを、脱がせられない」

店長は嚙んで含むようにゆっくり言い、私はなにもかも諦めて力を抜きました。

店長にパンティを脱がされる間、私は目も心もそこから逸《そ》らすように両手で顔をかばっていました。

どんなに怖がっていても、パンティを脱ぐなど、一瞬で終わります。

「立花さん、こんなこと、やめにしたいですか？」

立てた私の膝を両手でつかみ、そんなことを言ってきました。

私は顔から腕をどけ、店長を見つめました。この状況でイエスともノーとも答えられるはずがありません。

「ぼくはすごくうれしいです。心臓が破れそうなぐらいドキドキしてます。立花さんのパンティを脱がせられる日が来るなんて。面接のあの日のぼくに教えてやりたいですよ」

全身にむだな力が入っていましたが、その言葉で少し緊張が解けました。

「大好きな立花さんのアソコ、よく見せてください……」

そう言って店長は、つかんだ私の両膝をゆっくりと広げ、顔を近づけてきました。

「ああっ！　いやああっ」

私はホール中に響く声をあげてしまいました。じっくりと見られるだけかと思ったのに、店長の舌が性器に触れてきたのです。ゆっくりと昂《たかぶ》っていた性的な高揚感は、一気に上昇していきました。

「ちょっと店長！　やめてください。何度かお手洗いにも行ってるのに……！」

「大丈夫、少しおしっこの匂いがするだけです。立花さんのココ、おいしい……」

私は結婚するまで処女でした。主人と何度セックスしたのか数えていませんが、新婚初夜を含めても、ここまで恥ずかしさを覚えたのは初めてでした。

ピチャ、ジュル、ピチャ……と、粘度のあるいやらしい舐める音が、店長の湿った呼吸の合間から聞こえてきました。

「立花さんのアソコ、ぼくをすごく歓迎してくれてるみたいです。エッチなお汁がどんどん出てきてる」

「…………」

羞恥心も一周してしまい、私は店長の舌を全身で感じていました。カエルのように広げさせられた脚の先までしびれていました。そして、もう舌だけでは我慢できなくなっていたのです。

焦らしのテクニックというわけでもなかったのでしょうが、もはや私は、早く店長と結ばれたくてひどくあせっていました。主人とのセックスではいつも、ただ単にコトをすませるという気持ちなのに……。

「立花さん、入れても、いいですか?」

さっきのような、驚くほどの低い声で訊いてきました。立ち上がった店長を見て、私は息を呑みました。

店長はいつのまにか、ズボンもパンツも脱いでいたのです。途中、カチャカチャとベルトをはずすような音が聞こえていたことを、あとになって思い出しました。

私の返事を待たず、店長はベンチシートの私に体を重ねてきました。

「重いですか?」

「ううん。大丈夫……」

のしかかってくる店長の体重は、そのまま私の罪の重さでした。

キスをして、すぐに解き、店長は私を見つめながら、入れてきました。

「ああっ、あああ、店長……」

主人のものではないペニスが入っているのが、性器の感覚でわかりました。硬いのです。硬くて、熱かった。

「立花さん、全部入った……ぼくたち、セックスしてます」

のどから絞り出すような声で、店長が言いました。

不倫セックスをしている、その罪悪感と、説明しにくい達成感で、私も人生に何度もないぐらい気持ちが高揚していました。

「奈保子《なほこ》、愛してるよ……」

鼻がつくぐらい店長は私に顔を寄せ、そんなことを言いました。

「私も大好き。健司《けんじ》さん……愛してる」

陶酔感に全身を包まれ、夫と子どもたちを裏切る言葉をうっとりと口にしました。

「奈保子、中に出しても、いいかい？」

「ええ。たくさん、出して……」

余裕があるはずもないのに、私は笑って言いました。

店長がピストン運動を始めました。

「ああんっ！　店長のが、暴れてる……うんんんっ！」

主人とのセックスでは、文字どおりただの出し入れになっていたのに、店長のピストン運動は、往復のたびに、全身の毛穴から汗が噴き出すようでした。

「ああ、奈保子のアソコ、気持ちいい！　ぼくにピッタリだよっ」

店長も逼迫《ひっぱく》した高い声で言いました。

「奈保子っ、あっ……愛してるっ！」

店長は感極まったのか、信じられないぐらい強く私を抱き締めてきました。ほんとうに息が詰まるほどでしたが、私も強く店長を抱き返しました。上半身はがっちりつながっているのに、店長は器用に腰だけを全力で振ってくるのです。

ホールの空調は閉店と同時に切っていて、ひんやりとしていたはずなのに、私は全身が沸騰したように熱くなっていました。

店長の熱い吐息がまともに私の顔にかかっていました。清涼タブレットでも口に入れていたのか、キスのときからミントの香りがただよっていました。

「奈保子っ、出るっ、あああっ、出るぅぅ！」

店長は鬼のような顔で、泣きそうな声で叫びました。

「あああっ！　いやっ、てんちょ……あああっ！」

私は顔をのけぞらせ、店長の射精を迎えました。

私は射精を性器で感じられるほうです。主人の射精は残尿のようなジョロジョロした感触ですが、店長の精液は、まるで固形の熱いかたまりが猛烈な速さで放たれているような、ものすごい感覚でした。

たくさんの熱い実弾をお腹で受け、私の罪悪感はオンナの幸福感にかき消されてしまいました。すさまじい多幸感に心と体が満たされていったのです。

「奈保子、いっぱい、出た……」

店長の声も男性の達成感に溢れていました。動きをとめてもまだ激しく息を荒げていました。覚えていませんが私もそうだったことでしょう。

「あ、待って。まだ、抜かないで……」

ゆっくりと腰を引いていこうとする店長の腰をつかみました。

「店長のアレがお腹にある感覚を、まだ楽しみたいの……」

我ながら耳を疑うようなふしだらな言葉が口をついて出ました。

店長はちょっとからかうような笑みを浮かべました。

「こんなことになって、後悔してませんか、立花さん？」

「……わかりません。明日になったらどんな気持ちなのかしら。でもいまは、すごく幸せな気分なんです。私って、こんないけない女だったのね」

「家族の人に悪いと思ってるとか？」

「それも明日になったら……でもいまは、主人と子どもたちに自慢したいぐらいです」

店長は苦笑を浮かべました。

「ぼくは立花さんを……奈保子を、両親に紹介したいぐらいだ」

思いもよらず、こみ上げそうになりました。

「不倫セックスで感動しないでくださいよ」

「そんな冗談、やめてください。うれしくて悲しくなる」

店長はゆっくりとペニスを抜いていきました。

それぞれ服を着る間も、白けた雰囲気にはなりませんでした。

「うふふ、私、更衣室以外で私服に着替えるのは初めてです」

照明を消し、店舗の裏口を出る前、私たちは抱き合って長いキスをしました。

自転車で自宅へ向かうときも、お腹の中に店長の精液があるのを強く意識し、幸福感に包まれていました。

こんなことは一生一度きり、そんなケジメは一週間後に破られました。

この一カ月の間に、ほぼ同じ状況で店長と三度セックスしました。

次はいよいよ、休みを合わせてラブホテルに行こうと計画しています。

パーソナルスタイリストのおかげで大変身！自信を持った私は美熟女の肉体を嬲り……

谷口哲郎　会社員・五十歳

　私は五十にしてようやく課長職になった、会社員としてはそう優秀でもないただの勤め人です。妻や娘からは尊敬とはほど遠く、むしろ邪険に扱われていますし、部下からの信頼もけっして厚いとはいえないでしょう。

　仕事では手を抜いたり、部下に押しつけるようなことはありません。飲み会で人に絡むなどもってのほか、常に誠実を心がけて生きてきたつもりなのですが、結局は泣かず飛ばずの中年男でしかありませんでした。

「もしかして定年までこのままなんだろうか」

　同期と二人で飲んでいたとき、私はふとそんなことを愚痴ってしまいました。同期の彼は私よりよほど要領もよく早々に出世して、役職も私より上なのです。将来は役員入りまちがいないだろうという噂です。

それにひきかえ私は……という卑屈な気持ちをつい感じてしまいます。

「お前はさぁ、まず見かけから変えたほうがいいんじゃないか？」

突然そんなことを言われ、私は驚きました。

「だってそうだろ、背広にしてもネクタイにしても、お前ぜったい年齢より老けて見られてるよ。そんなんじゃ若い連中だってお前のこと陰でバカにしててもおかしくないぞ」

「そんな、この年になって何をどう変えろっていうんだ」

「そうだな、ここなんかいいんじゃないか？」

そう言って彼が教えてくれたのは、「パーソナルスタイリスト」なる聞き慣れないものでした。聞けばその人に合ったファッションを指導してくれるスタイリストだと言うのですが、対象となるのは必ずしも女性だけではなく男性、最近は特に中高年男性の間でも話題になっているというのです。

「そう言われてみれば、この背広だって何年前に買ったものだったか……」

「年中着たきり雀の、さえないオッサン上司なんかが部下の信頼を得られるわけないだろう。だまされたと思って行ってみろよ」

ひどい言われようだとは思いましたが、私がファッションに興味がないのは事実ですし、この際だからスーツの一着も新調してみようかという気になりました。私は彼の勧めるパーソナルスタイリストに連絡をすることにしたのです。

オフィスはおしゃれなサロンのような雰囲気で、そこに足を踏み入れること自体、二の足を踏むような雰囲気でした。とても私のようなくたびれた中年の行くところではないと思いましたが、予約を入れてしまったので仕方がありません。

蛮勇《ばんゆう》をふるってオフィスに入った私を出迎えてくれたのは、オーナー兼スタイリストの木内早苗《きうちさなえ》という女性でした。年齢は私より少し下くらいでしょうか、けれど「おばさん」という言葉はまったく似合わない、溌剌《はつらつ》として明るい、しかもかなりの美人でした。

「ようこそおいでくださいました、谷口《たにぐち》様。さっそくですが、コンサルティングに入らせていただいてもよろしいでしょうか」

「は、はい」

サロンからはあらかじめスマホでアンケートに答えるよう言われていたので、それをもとに一対一でコンサルティングをして、私にふさわしいファッションをコーディネートしてくれるということでした。

私は彼女と別室に入り、そこで私のアンケートを見ながら話し合いました。彼女が言うには、私の背広は色合いが地味で大きさが微妙に合っていないので、年齢より陰気で老けて見えるとのことでした。

「谷口様は背もそう低くはありませんが、少々猫背でいらっしゃいます。体にぴったり合うスーツをお召しになれば、気分も一新して姿勢もよくなりますよ」

「そういうものですか……」

確かに私は少し気が弱いところがあり、ふだんから目立たないようにしていた、それが裏目に出ていたようです。ならばここは心機一転するのも悪くないかもしれない。私は彼女にスタイリストになってもらいたいとお願いすることにしました。

「当社ではサロン型と同行ショッピング型があるのですが、本日はサロン型で参りましょう」

サロン型というのは、その場であれこれファッションを見たててもらうもので、同行ショッピングとはスタイリストに同行してもらってショップを回って服を買いそろえることだそうです。

同年代の、しかもこんなにきれいな女性と並んで買い物などしていて、万が一誰か知り合いにでも見られれば、あらぬ誤解を招きかねません。それにおしゃれなショップを回るのにも抵抗があるので、彼女の言う通りにすることにしました。

「ではスーツはこちらのものに決めるとして、これに合わせるネクタイはこちらなどはいかがでしょうか」

彼女が選んでくれたスーツは明るいグレーのストライプ柄。サイズもぴったりで、なるほどこれは背筋が伸びそうです。さらに彼女の選んだチェック柄のネクタイを締めると、まるで別人に生まれ変わったような気分でした。朝早く起きて、髪をいつもよりていねいにととのえておいて、ほんとうによかったと思いました。

いつもの私ならちょっと鏡を見て手櫛で寝癖を直す程度なのですが、この日ばかりはみっともない頭でいるわけにはいかないと、自分でも恥ずかしいほど気合を入れていたのです。

「では次回は、ふだん使いのファッションをお見立ていたしましょう」

この日は通勤用のスーツとネクタイ二本を見立ててもらっただけでしたが、翌日から私はまるで生まれ変わったような気分で出社しました。パリッと真新しいスーツにネクタイ姿の私を見て、部下たちが目を丸くしているのが愉快でした。

そうやって自分に自信がつくと、背筋も自然としゃんと伸びるようです。ほんとうに、世界が新しく開けたような気持ちでした。同期のアドバイスを聞いてよかった。それにあの木内さん。彼女ともっとお近づきになりたいと思いました。

私はパーソナルスタイリストのコーディネートにすっかりハマってしまい、家族からも、そして会社内でも一目置かれるようになりました。そんなうまい話があるはずない、と思われるかもしれませんが、人間一念発起して自分を変えようと思うと、すべての事柄が変化するものだと私は知ったのです。これも彼女のおかげなので、一度きちんとお礼をしようと思っていました。

何度目かのコンサルティングのあと、私は思いきって彼女を食事に誘いました。そんな大胆なことができたのも、彼女のコーディネイトで自信が持てたからでしょう。彼女は少し驚いた顔をしていましたが、すぐににこりと笑ってオーケーしてくれました。

その日の夕方、私は妻に「同期のヤツと飲みにいく」と言って彼女と夕食に行ったのです。さすがに少しばかり罪悪感を覚えましたが、私服の彼女を見るとそんなものはあっという間に消え去りました。

「ふふふ、本当を言うと私、谷口さんとはもっとお近づきになりたいと思っていたんですよ」

「ほ、本当ですか」

「ええ……私のコンサルティングでご自分に自信をお持ちになるお客さまを見るのは

やりがいを感じますし、それに……谷口さんってけっこう私のタイプだったりするんですよ」

それがたとえ客相手のお世辞だとしても、私はうれしく感じました。

「この仕事はもう長いんですか？」

あるフランス料理店で料理に舌鼓を打ちながら、彼女にそう尋ねました。

この店は以前に接待で使った店で、ふだんならこんな店に自費で行くなどありえません。しかし私は、さして金のかかる趣味もないので、多少のへそくりくらいはあるのです。彼女は私の問いに小さく微笑みました。

「パーソナルスタイリストはまだ五年ほどですが、その前はヘアスタイリストやブティック勤務などいろいろと。でもこの仕事が性に合ってるようです。それも、女性じゃなく男性のお衣装をお見立てするのが楽しくて」

「あなたのおかげで私も少しは見られるようになりましたよ」

「そんな、谷口さんは素材が優れていたんです。あら、私ったらこんな言い方して」

そう言って照れる彼女も好ましく思え、私たちは杯を重ねいい気分に酔いしれました。解放的な気分になったのでしょうか、彼女は店を出ると自然と私に腕を絡めてきました。

そうしてどちらからともなく足はホテル街に向かっていったのです。

「ん……」

ホテルの部屋に入ると、私は彼女を抱き締め、唇を重ねました。

抱き締めた彼女の腰に手をすべらせると、きゅっとくびれた腰の曲線は熟女とは思えないプロポーションです。しかし、若い女にはない豊満な肉の厚みは確かに熟女のそれです。彼女は私の口に舌を差し込みながら、首に腕を回してきました。

「あぁ、もっと……もっと強く抱き締めて」

言われるままに私は彼女のふかふかの肉体を抱き締め、尻から太ももを何度もなでさすりました。首筋に舌を這わせ、顔を埋《うず》めると、彼女はわななきながら胸を押しつけてくるのです。

それまで……私は浮気したいなどと考えたこともありませんでした。しかし私の両手はまるでそうするのがあたりまえのようにスカートのホックをはずし、ブラウスの前をはだけて彼女を半裸にしていったのです。

「あぁっ」

ぐいと腕に力を込め、私は彼女をベッドに押し倒しました。

こんな大胆なふるまいは、妻相手にだってしたことはありません。でも迷いはいっさいありませんでした。前をはだけ、ブラが丸見えになった彼女を見おろしながら、私はネクタイをゆるめてシャツを脱ぎ、上半身裸になりました。

「あぁ、ここもうこんなになってる」

彼女の手が私の股間に伸び、スラックスの上から股間をさすりました。そこは脱がなくてもわかるほどにもっこりと盛り上がっていたのです。白く細い指が器用にチャックをおろし、私のモノを外に出しました。

「……さ、早苗さん」

「すごく……大きいんですね」

彼女は私のイチモツに指を絡めながら、うっとりとそう言いましたが、実際のところ、私自身が自分の愚息の勃起に驚いていました。妻とはもう久しく夜の行為もしていませんし、勃起自体が久しぶりだったような気がします。

それなのにいま愚息は、あきれるほど硬く大きく反り返って、彼女の手の中にびくびくと震えているのです。これならきっと彼女を満足させられると強く思いました。

愚息のハッスルぶりに興奮した私は、組敷いた彼女の衣服を剝ぎ取り、全裸に剝いてしまいました。適度に肉づきのよい熟女の真っ白な裸身は、なんとも興奮を誘いました。

目の前で重たげにゆれる二つの肉球に、私はむしゃぶりつき、やや大きめの乳輪ごと口に含み、はふはふと左右の乳房をじっくりと味わいました。

「あん、はんっ。お、おっぱい感じちゃうぅ」

彼女は切なげに首を右に左に振りながら、切ない声を洩らします。交互に乳房を責めつつ、私は彼女の内腿に手を伸ばし、足のつけ根めがけて徐々に手を移動させていきました。

そして指先がとうとう彼女のその部分に達すると、「ちゅくっ」と湿った音とともに指先がぬるりと肉のひだの奥に吸い込まれたのです。

「ひぁんっ」

彼女のそこは思ったよりも間口が広い感じで、私は指三本で入り口付近をくちゅくちゅとかき回しました。やはりそれなりの経験を積んでいるからでしょうか、入り口をいじっただけなのに、彼女は甘い声を洩らし、「もっと、もっとおま○こして」とせがんできました。

すぐにでも挿入したいのはやまやまだったのですが、私は初めての浮気がとにかく新鮮で、もっと彼女の乱れる姿を見たいと思いました。なので彼女の片足を脇に抱え込むように大きく股を広げさせ、三本の指をぐっと奥までねじ込んだのです。

「ひぃいっ、は、入ってくるっ」

第二関節くらいまで挿入したとき、すごい力で指が締めつけられました。

入り口はむしろゆるいとさえ感じたのに、奥のほうは十分すぎるほどの締まりのよさです。

私はその締めつけにいっそう興奮をかきたてられ、手首のスナップを利かせて「くちゅっ、ぐちゅっ」とリズムをとるように彼女の中をえぐりました。

「あひっ、ひ、ひゃぁあんっ。お、おま○こ気持ちいい、だめ、感じすぎて、だめになっちゃう」

彼女は赤面した顔を両手で隠し、そんなはしたない言葉を口にします。右手で股間を、さらに左手で乳房をぎゅうぎゅうともんでやると、彼女はベッドの上でのたうち廻るように身をくねらせるのです。

「はぁ、はぁ、はぁ……ねえお願い、指じゃなくて……あなたの、これちょうだい、これ、おま○こに欲しいの」

そう言って彼女は手に握ったイチモツをしごき、潤《うる》んだ目で私を見上げました。実際、私もこれ以上焦らすより、彼女の中にこの勃起ペニスをぶちこみたくてしょうがありません。

私は彼女にうなずいてみせると、右手を膣穴から抜いて彼女の両脚を持ち上げました。両脚を自分の肩に乗せると、彼女のそこは完全に無防備です。濃い目のアンダーヘアの下には、いやらしい女の汁で濡れた、紅色の肉襞がぱっくりと口を開いているのが見えました。

「じゃ……いくよ」

私は反り返ったペニスの先端を手で押し下げ、亀頭を彼女のそこに当てました。少しだけ腰をせり出すと、亀頭はあっさりと彼女の中にもぐり込みます。指でいじったときにわかっていましたが、やはり入り口はほぐれて、若干ゆるい感じでした。

私は指をねじ込んだときの締めつけを思い出しながら、腰を奥にぐっと突き出しました。たっぷりの愛液のぬめりもあって、ペニスの半分ほどまではあっさりと挿入できました。しかし、そこで膣肉がひくっと痙攣したかと思うと、次の瞬間、ものすごい力でペニスを締めつけてきたのです。

「あぁあっ！　か、硬いっ」

彼女はベッドのシーツをつかみ、体を思いきり反らせました。すると膣の締めつけがますます強くなり、それ以上奥に進めません。彼女の中は、これまで経験したことのない締まりのよさでした。

それもただむやみに窮屈なだけではなく、彼女が甘い声を洩らすたびに淫肉がぴくぴく震え、徐々にですが私のモノを奥深くに呑みこんでいくのです。まるでそこだけが別の生き物のような、貪欲な肉の洞穴《ほらあな》のような熟女の膣穴に、私は興奮せずにはいられませんでした。

「んんぅう……これすごい、おち○ぽおっきくて、硬い……っ」

「キミの中もすごくキツくて気持ちいいよ。じゃあ動くからね。声、出してもいいんだよ」

私は両手で彼女の肩をベッドに押しつけると、膝を曲げて腰を引きました。ずるるっとペニスが引き抜かれ、彼女が「はんっ」と声をあげます。そこですかさず腰を沈め、再び奥まで突き入れました。

何度もその行為を繰り返しているうちに彼女の肉もこなれていき、それと同時にピストンの速度も上がっていきます。最初は膣の締めつけで前後に動くだけという単純な動きしかできませんでしたが、膣肉がこなれてくると、腰をくねらせて膣の横や上のほうを亀頭でごりごりこすってやりました。

「ふあぁあんっ、そこいいです、気持ちいいとこに当たってますっ」

膣穴を丹念に突いていると、どうやらお腹側のある一点が特に感じやすいようでした。いわゆるGスポットというところでしょうか。なので私はそこを重点的に、そしてときには膣奥、あるいは腰で円を描くようにして、彼女の中を存分にかき回したのです。

「ひぃいっ、ひんっ、ひああ！　し、子宮が揺すぶられちゃう！　こんな、こんなの初めて……もっと、もっとしてくださいっ」

もちろん私に拒《こば》む理由はありません。

両肩を押さえていた手を乳房に当て、ぎゅうぎゅうと肉球をもみしだきながら、私はベッドが軋《きし》むほどの勢いで腰を振り立てました。激しいピストンにさらされた彼女が私を見上げる目は快楽に潤んでいて、もうすっかり私に心酔しているように見えました。

私は彼女をこんなにもよがらせている自分を誇らしく思いました。これもみな、彼女のコーディネートで自分に自信がついたからなのでしょうか。私は二十代の活力に満ちた時代に戻ったような気分で、悠然と腰を振るい、彼女の奥を勃起ペニスでかき回しつづけたのです。

「あぁイク、イッちゃう……い、いっしょに、いっしょにイッてぇ！」

「イクよ、いっしょに、いっしょに！」

こみ上げる射精感に身をまかせ、私はいちだんと激しく腰を振るいました。

恥ずかしい話ですが、そのときの私は避妊具さえつけておらず、またまったくそのことが頭をよぎりもしませんでした。ただ生のペニスで彼女の窮屈な膣穴を味わい尽くしたい、そのことしか考えられませんでした。

「あぁ出るっ！」

「はひぃいい〜〜っっ」

腰がぶるぶると震え、ペニスが跳ねるたびに私の精液が彼女のいちばん深いところにドクンッドクンッと注ぎ込まれていくのがわかりました。

生挿入の中出し射精を食らった彼女はかすかに顔をそむけ、ぴく、ぴくっと身をふるわせ、アクメに達したようでした。

「ぁ……ぁ……」

と小さな声だけを洩らし、絶頂の波にひたっているその姿は、言いようもなく魅力的でした。

私も、年甲斐もない猛烈なピストンにどっと疲労が押し寄せ、彼女の上におおいかぶさるように身を重ねました。互いに荒い息を吐き、それでも股間はつながったままでしばらくそのままでいましたが、一度火のついた私の欲望はまだ完全に満足してはいませんでした。

「ねえ……もう一度、いいかな……」

耳元でそうささやくと、彼女は私のほうを振り返って二コリと微笑みました。ところがなんと、彼女は身を起こすと私にスーツをもう一度着るように言ったのです。

「私が見立てたあなたのスーツ姿……あの姿で私を犯してほしいの」

私は彼女に言われるままにもう一度スーツを着直し、ペニスだけを露出させました。彼女は大きな姿見の前に立って壁に手を突き、私にお尻を突き出してきました。彼女の裸身と、背後からペニスを勃起させているスーツ姿の私が鏡に映っていました。

「あぁ、やっぱり素敵、よくお似合いです……あんっ」

私は彼女の腰をつかみ、立ちバックで彼女の中にずぶりとペニスを突き刺しました。たっぷりの愛液が「ぷしゃっ」と洩れ、床に滴《したた》り落ちます。

それでもぐいぐいと腰を奥まで突き入れると、彼女は背中をそらしてよがり声をあげました。その淫らな瞳は鏡に映る自分の顔、そしてスーツ姿の私を見てうっとりとしているのです。

「あぁ素敵、そのスーツ姿で、もっと犯してください。中に、中に出していいですから、私を思いきりイカせてくださいっ」

彼女の望みどおり、私は立ちバックでさんざん彼女をよがらせ、二発目も彼女の中に全部吐き出し、彼女をイカせまくったのでした。

彼女のパーソナルスタイリストサロンには、いまも通っています。私はスーツ以外にも私服も見立ててもらい、家でも会社でも充実した毎日を、そして彼女との淫らな不倫もエンジョイしています。

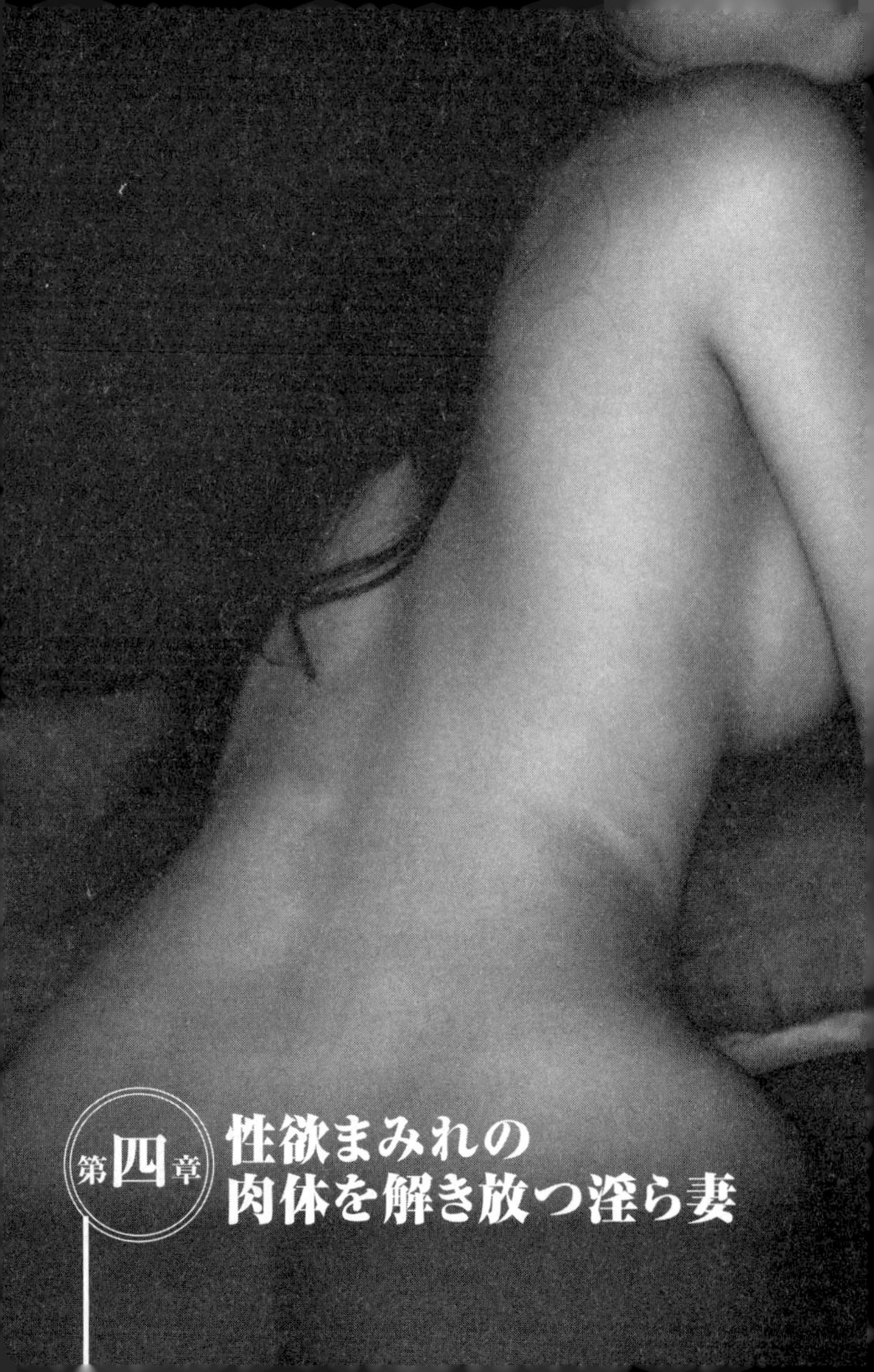

第四章 性欲まみれの肉体を解き放つ淫ら妻

美女インストラクターに醜態を晒した私は勃起ペニスから大量の精液を絞り採られ……

倉持祐太朗　会社員・三十五歳

私がスポーツジムに通いはじめたのは、妻から「お腹が出すぎ、少しは痩せる努力をしたら？」と言われたことがきっかけでした。

体を引き締めようと、ウエートトレーニングのあとに水泳のプログラムを組み、必死にがんばりました。

いまにして思えば、飽きっぽい私がジムに通いつづけられたのも、水泳のインストラクターの田所《たどころ》さんの存在が大きかったと思います。

ほかの会員の情報によると、彼女は四十二歳の人妻で子どももあり。シェープアップした肉体は美しいS字を描き、むだな贅肉は一切ついていません。

ベビーフェイスの容貌は三十代前半に見え、すばらしいプロポーションとのギャップがとても魅力的な女性でした。

ほかの男性会員も彼女に好色な視線を向けており、あくまであこがれの人という思いでいたのですが、まさかあんなおいしい体験ができるとは夢にも思っていませんでした。

忘れもしません。去年の冬、大雪が降った日のこと。私の住んでいる片田舎では、ほとんどの人が車を交通手段に使っているんです。

ジムは最寄りの駅から離れた場所にあるため、この大雪では来館する会員はいないと思われました。

彼女と急接近するチャンスではないか。そう考えた私は、会社帰りに三十分以上歩いてジムに到着したんです。

案の定、広い駐車場に車は数台しか停車していませんでした。

おそらくインストラクターのものだと思われ、田所さんの赤い軽自動車を目にした瞬間、心臓が高鳴りました。

ウエートトレーニングをしている時間はなかったので、私は着替えをすませると、すぐさまプールに向かいました。

「あら、倉持《くらもち》さん」

「あ、こんばんは。え……今日は、私一人ですか？」

「……みたいですね。この雪じゃ、仕方ないです」

「車で来たんですか?」

「ここまで大雪になるとは思ってなかったんです。帰りは歩きですよ」

体にぴっちり張りついた、ややハイレグぎみの水着が神々しいほどの輝きを放っていました。

シェープアップされた体とはいえ、ふっくらした胸、まろやかな曲線を描く腰回り、そして小判形にふくらんだ恥丘が私の性欲を猛烈にあおりました。

もちろんよこしまな気持ちは素振りも見せなかったのですが、股間がズキズキ疼きだし、自制するのがたいへんでした。

「倉持さん、ほぼ毎日のように顔を出して、とても熱心ですね。入会して、何カ月たちましたか?」

「はあ、半年ぐらいですかね」

そう言いながら、私は恥ずかしそうに腹部を手で隠しました。

もともと太りやすい体質とはいえ、半年も通っているのに、お腹周りは入会時とほとんど変わらなかったんです。

「そろそろ効果が現れるはずなんですけど……」

「す、すみません」

思わず謝ると、田所さんは白い歯をこぼしました。

「謝る必要なんて、ないですよ。それに……本当はこんなこと言ってはいけないんですけど、実は私、太ってる男性が好きなんです」

「え？」

「なんか、優しそうだし、そばにいると安心するというか、気持ちが温かくなるというか……そんな印象を受けちゃうんです」

「旦那さんも、太ってるんですか？」

身を乗り出して問いかけると、彼女は首を横に振りました。

「夫もスポーツマンで、引き締まった体型なんです。もともと体育会系のサークルで知り合った人なので」

「……そうですか」

どうやら田所さんは隠れデブフェチらしく、私にとっては誠にラッキーだったのではないかと思います。

「それじゃ、まずは準備体操をしますか」

「はい、お願いします」

貸し切り状態のプール内で、熟女はしなやかな肉体を伸ばし、水着のVゾーンが鼠蹊部に食いこむたびに胸がざわつきました。

いきり勃《た》つペニスを抑えるのに、どれだけ必死になったことか。

準備体操が終わると、水の中に入り、田所さんはプールサイドから声をかけてきました。

「倉持さん、クロールは相変わらずだめですか？」

「ええ、平泳ぎしかだめです」

「それじゃ、早く泳げるように今日はクロールの練習をしましょう」

彼女も水の中に入り、私の腹部を支えながらマンツーマンで指導してくれました。

ところが手のひらから伝わる柔らかい感触がとても気持ちよく、さらには水に顔をつけたとき、彼女の股間が目に飛び込み、知らずしらずのうちに熱い血潮が海綿体に注ぎこまれていきました。

指導を受けている最中にもかかわらず、淫らな妄想が頭の中を駆け巡り、ペニスがフル勃起してしまったんです。

やばいとは思ったのですが、自分の意思ではどうにもなりません。

いやらしいことを考えていた罰なのか、私は息継ぎに失敗し、水をしこたま飲んでしまいました。

「げほっ、げほっ！」

あのときの滑稽《こっけい》さは、思い出しただけでも恥ずかしくなります。パニック状態になり、半ば溺れているようなものでした。

「大丈夫ですか？」

田所さんに肩を借り、プールサイドに引き上げられたまではよかったのですが、水着がずり落ちていたことに気づきもしませんでした。

「きゃっ」

あおむけに寝転んだとたん、小さな悲鳴が聞こえても、私は肩で息をしていました。ようやく息がととのったところで目をうっすら開けると、なんと、ペニスの先端が水着のウエストから顔をのぞかせていたんです。

どうやら水の中でもがいていたときに水着がずれてしまったようで、しかもペニスは勃起したままなのですから、穴があったら入りたい心境でした。

「す、すいません！」

あわてて水着を引き上げたものの、恥部をばっちり見られてしまい、私は顔を真っ赤にしてうつむくばかりでした。

いたたまれない沈黙のあと、田所さんはぽつりと告げました。

「その水着じゃ、ちょっと泳げませんね」

「は、はい」

「フロントに行って、水着を借りてきましょうか？」

「い、いえ……今日はこれで終わりにします。すみませんでした」

あまりの情けなさから涙が込み上げ、彼女の顔をまともに見られませんでした。

もう、このジムには二度と来られない。私はそう思いながら立ち上がり、ずり落ちる水着を手で押さえつつ、とぼとぼとした足取りで彼女の元を離れました。

シャワー室は、男子と女子とで左右に分かれています。男子用のシャワー室に足を踏み入れたところで、あとを追いかけてきた田所さんに声をかけられました。

「気にしないでくださいね」

何も答えられないままうつむいていると、想定外の出来事が起こりました。

なんと彼女が抱きついてきて、急に私の唇を奪ったんです。

「あ、んむむっ」

ひたすら驚くなか、そのまま個室内に連れこまれ、カーテンが閉められると同時にディープキスで舌をじゅるじゅると吸われました。

夢を見ているのではないか。そう思う一方で、収まりかけていた性欲が息を吹き返し、ペニスがぐんぐん膨張しました。そして長いキスが途切れたあと、田所さんはポーッとした顔で私を見つめてささやいたんです。

「あんな悲しい顔されたら、このまま帰らせるわけにはいかないわ。これで、何も気にしてないってことがわかったでしょ？」

「あ、あ……」

彼女の言い分は理屈こそ通っていましたが、キスまでするものなのか。頭の中が混乱し、指から離れた水着が足元にパサリと落ちました。

ビンビンに反り返ったペニスを目にした田所さんは、目元を染めたあと、今度はやとがった口調でたしなめました。

「レッスン中に……何を考えてたんですか？」

「あ、ご、ごめんなさい」

「あぁ、すごいお腹だわ」

「あ、ちょ……」

田所さんは腹部をなで回し、目をとろんとさせました。

このとき、私は彼女の口走った「太ってる男の人が好き」という言葉を思い出したんです。

「だ、抱き締めて」

「あ、は、はい」

言われるがまま、そっと抱き締めると、熟女はうっとりした顔をし、体をこすりつけてきました。

こちらは全裸、向こうは水着一枚ですから、すべすべした肌の感触がとても気持ちよく、私は無意識のうちに喘ぎ声を洩らしていました。

しかも彼女は片足を上げ、太ももや膝でペニスをもてあそんできたんです。

「お、おふっ」

「はあぁ……コチコチ」

「そ、そんなことされたら……」

「そんなことされたら、どうなっちゃうの？」

田所さんはＳっ気もあるのか、積極的に言葉で責めたててきました。

太っている男が優しく見えるというのは、自分の言いなりになるというイメージがあったのかもしれません。

ペニスが上下左右に揺れ、先端の割れ目から早くも先走りの液がにじみ出ました。

すると彼女は太ももで透明な液をすくい、胴体にこすりつけてきたんです。あまりの淫らな光景に鼻息が荒くなり、いまにも心臓が口から飛び出しそうでした。

「ああ、ああっ」

私が激しくうめいていると、田所さんは腰を落とし、ペニスを握りしめました。そして上目づかいに、裏筋から舌をツッと這わせてきたんです。

縫い目とカリ首をなぞり上げた舌先が尿道口をつつくと、私は腰をビクビクとふるわせました。

「ふふっ、かわいいわ」

「そんな……かわいいなんて。く、くうっ」

熟女は小さな口を開け、真上からペニスを呑みこんでいきました。

「……え」

あまりの驚きに、私はしばし愕然としていたのではないかと思います。すぐさま巨大な快感が脳天を突き抜け、意識せずとも女の子のように腰がくねりました。

「んっ、んっ、んっ!」

「お、おおおっ」

顔の打ち振りが始まると、ペニスがとろけそうな快感が増し、ちっぽけな疑問が頭の中から吹き飛びました。

情けない話ですが、私は若いころから早漏気味で、射精は五分と保《も》ったことがなかったんです。

あこがれの女性から濃厚なフェラチオをされたのですから、こらえられるはずもなく、すぐさま我慢の限界を迎えました。

「はっ、はっ、出ちゃう、出ちゃいます！」

「ぷふうっ」

口の中で熱い脈動を感じたのか、田所さんはすかさずペニスを吐き出し、すっくと立ち上がりました。

背中に手を回し、水着を脱ぎおろしたときの光景はしっかり目に焼きついています。

四十路を超えているにもかかわらず、型崩れのない乳房、キュッとくびれたウエスト、美しい曲線を描く腰回りと、すばらしいプロポーションに胸は昂《たかぶ》るばかりでした。

「……私にもして」

「あぁ」

彼女が壁に背もたれると、私は腰をおろし、秘めやかな股間にむさぼりつきました。

すでに女芯は愛液で濡れていて、甘ずっぱい味覚を味わいながら無我夢中で舌を動かしました。

すらりとした片足が肩に乗せられ、グイッと引き寄せられると、私は大口を開けてクリトリスを陰唇ごと口の中に吸いこみました。

「はあ、いいいっ、もっと吸って」

「ん、ふうっ」

泉のように溢れ出す愛液をすすり上げるたびに腰がビクビク痙攣し、あのときの私は心の底から死んでもいいとさえ思っていました。

ペニスが再び熱い脈を打つころ、田所さんは体を反転させ、ヒップを後方に突き出しました。

「……入れて」

「い、いいんですか?」

「誰か来ないうちに、早く」

このチャンスを逃したら、この人と二度と肌を合わせることはないかもしれない。

そう考えた私はヒップに手をあてがい、亀頭の先端をぱっくり割れた女肉の狭間に押しつけました。

「ん、ん、んぅ」

「む、むうっ」

充血した二枚の唇が左右に開き、ペニスが呑みこまれたときは、ヌルヌルした粘膜の感触に酔いしれ、射精を必死に我慢することで精いっぱいでした。

ペニスがさほどの抵抗もなく膣深くまで埋めこまれた瞬間、熟女は自ら腰を激しく前後させました。

猛烈なピストンにただ目を丸くするなか、ヒップが上下左右にうねり、ペニスが膣の中で縦横無尽にこねくり回されました。

もちろん、あんな腰づかいを経験したことは一度もなく、あっという間に放出寸前まで追いこまれてしまったんです。

「おっ、おっ」

「あん、あん、いい、気持ちいい」

「ああ、イクッ、イッちゃいます!」

「もう少し我慢して」

「だ、だめです……ぬ、おおっ」

田所さんはことさら腰を前後にスライドさせ、恥骨を私の腹部にぶつけてきました。

さすがはインストラクターだけに、スタミナも人並み以上だったのだと思います。

ぐちゅんずちゅんと、結合部から淫らな水音が響いた瞬間、頭の中が真っ白になりました。

「あ、イクッ、イキます」

熟女は膣からペニスを引き抜き、体を反転させて勃起を手でしごきたてました。

そして私は、大量の精液をタイルの上にぶちまけてしまったんです。

田所さんが満足したのかどうかは、わかりません。そのまま床に跪《ひざまず》き、荒い息を吐いている間に、彼女はシャワー室から姿を消していました。

その後、熟女との接点はなく、数日後にはジムを辞めてしまい、私はひたすら途方に暮れるばかりでした。ほかの会員から聞いたのですが、どうやら旦那さんの海外転勤についていったようです。

最後に自分の嗜好《しこう》を満足させたかったのか、それとも単なる気まぐれだったのか。

彼女の本心はいまだにわからないのですが、あのときの体験を思い出すたびに胸がキュンと締めつけられるんです。

大人の玩具でイキまくる欲求不満の家政婦
家主の極太棒で突かれ淫らな本性が目覚めて

篠宮慶子　パート・四十二歳

家事代行サービスのパートを始めて、もう一年ほどになります。

お客様は千差万別です。生活がいろいろたいへんなお宅もあれば、優雅なご家庭もあります。幸い、私は家事全般が苦にならない性格ですし、あちこちのお家の内情を覗き見られるのも、実はひそかな楽しみだったりしています。

最近、定期的にうかがっているのが、遠藤《えんどう》さんという立派なお宅です。郊外の大きな一軒家に、六十代のご主人が一人でお住まいです。なんでも数年前に奥様と死別されたとかで、掃除、洗濯、お料理までなにもかもお願いされます。

「ぼくは家の中のこと、なんにもできなくてね。助かりますよ」

きまり悪そうに笑う遠藤さんは、ロマンスグレーのなかなか素敵な紳士です。まだ老け込む年ではないんですが、資産はたっぷりお持ちのようで、毎日仕事らしい仕事もせず、お庭をいじったり、本を読んだり、悠々自適に暮らしてらっしゃいます。

面倒なお客様も多い仕事ですすけれど、遠藤さんは上品ですし、細かいことに口うるさいこともなく、私もこのお宅で働くのがいちばん好きでした。

もっとも、ほんのときたまですけれど、ヘンな視線を感じることもありました。

ふと振り返ると、お掃除してる私のお尻を、遠藤さんがじーっと見ていることがあるんです。

私の視線に気づくと、遠藤さんはさっと目をそらすんですけど、あの目つきはまちがいなく、男性がエッチなことを考えているときのものです。

それでも私、なんにも気づかないふりをして、お掃除を続けることにしています。

この仕事をしていると男性のお客様からヘンな目でジロジロ見られることはしょっちゅうですし、中にはもっと露骨にスケベなことを言ったり、体をさわってくる不心得者もいます。

それに比べたら遠藤さんは容姿も物腰もダンディですし、実のところ、多少「そういう目」で見られるのも悪い気はしなかったんです。

ある週末、私はいつものように遠藤さん宅にお邪魔しました。

「いつもありがとう、慶子《けいこ》さん。ぼくは出かけるから、鍵はまかせますよ。よろしく」

そう言って遠藤さんは、出かけていってしまいました。

週末の遠藤さんは、たいてい競馬です。私のことを信頼しきっていて、鍵も預かっていますので、勝手知ったるなんとやら、私はふだんどおりお掃除を始めました。

主寝室を片づけていると、クローゼットの中に、見慣れない箱があるのに気づきました。几帳面に衣類が整理してあるクローゼットの中で、妙に違和感のある箱でした。

何かしら。私はちょっとした好奇心に駆られて、その箱を開けてみました。

あらあら。やだわ、なにこれ。

私はちょっとびっくりして、それから思わず吹き出してしまいました。

それはビニール袋に入った、たくさんの大人のおもちゃでした。

さらにその下には、なにやらアルバムらしきものがありました。それも、何冊も。

職業倫理上、これは見てはダメ。お客様のプライバシーの侵害になってしまいます。

でも私、いけないこととわかってはいながら、どうしても好奇心に逆らえず、ついついそおっとアルバムを開けてしまったんです。

「やだ、すごい……！」

私は息を呑みました。そこには何百枚もの、裸の女性の写真がコレクションされていたんです。

モデルになった女性も何十人もいました。まだ少女のような子から、私のような熟女まで、タイプはさまざま。奥様とおぼしき女性の写真もありました。剝き出しの女性器が無修正で写っているものも少なくありません。同じ箱に入っていたおもちゃを突っ込まれている写真もあります。

それだけではありません。隆々と勃起した本物のペニスをしゃぶったり、挿入されているものまであるんです。もちろん無修正です。その節くれだった大きなおチ○ポの持ち主は、まちがいなく遠藤さんでした。

遠藤さんたら、あんな品のいい外見をしていて、実はとんでもない変態のマニアだったようです。

私は夢中で、遠藤さんのいやらしいコレクションに見入っていました。

ある人はアソコの毛をツルツルに剃られ、ある人は縄で縛られ、ある人は真っ昼間のお庭でセックスさせられていました。

でもどの女性も、快感に満ち足りた表情をしていました。

そこにいる全員が、心から遠藤さんとの行為を楽しんでいるみたいでした。

ごくん、と私は思わず生唾を飲み込みました。私がこんなにセックスを楽しんだのって、どれくらい前だったかしら。

子どもが出来て以来、夫とはほとんど没交渉です。私自身、自分に性欲があることも忘れかけていました。

人様のお宅で、秘密のセックスを盗み見てしまった……そんな背徳的な雰囲気に、私はむしょうに興奮していました。久しぶりに胸がドキドキして、下半身がじーんと熱く湿ってきているのがわかりました。

気がつくと私は、ビニール袋の中のおもちゃを手に握っていました。大きな男性器を型取ったバイブレーターです。

こういうモノに詳しいエッチな友だちから、病みつきになるほど気持ちいいと話に聞いたことはありましたけど、こうして実物を手にしたのは初めてでした。

ちょっと試してみようかしら。

私は誰もいないお部屋の中を見回しました。遠藤さんが帰ってくるのは、いつも夜になります。当分、この家には私一人だけ。

いちおう除菌シートで拭いてからスイッチを入れると、バイブは「ブーン」と振動しはじめました。

服の上から、そっと乳房に当ててみます。

あっ。やだ、ほんとに気持ちいいかも。

指で触れるのと全然違う、ビリビリするような快感がすごいんです。思わず体が、ビクッてなっちゃいます。

私はさらなる刺激を求めて、卑猥なおもちゃをおっぱいの頂きに近づけていきます。

「ああ……やだ、これすごぉい。はあぁ……」

つい、淫らな声が出てしまいます。

オナニーなんてするのも、ほんとに久しぶりでした。私の体って、まだこんなに気持ちよくなれるんだわ。

それも、よその家で、他人様の寝室で、なんて……。

正直、自宅にいるときの何倍も発情していました。もう歯止めがきかなくなった私は、ニットをめくり上げ、ブラジャーもずらして、裸のおっぱいをつかみ出しました。

だって、服の上からなんて、もどかしくて。このブンブンうなる猥褻《わいせつ》なおもちゃで、素肌を直接刺激したい。私の頭は、もう淫らな欲望でいっぱいになってたんです。

とっくにコリコリになっている乳首に、じかにバイブを当ててみます。

「んんーっ、いいわあっ。ジンジンしちゃう……はああ……」

体全体がピクピク反応しちゃうくらいの、すごい快感でした。私のいやらしい乳首は、バイブでいじめてあげるほどに、「もっと、もっと」というみたいにどんどん硬く勃起してくるんです。

次第に、次の欲望が私の中で頭をもたげてきました。

コレで、アソコも……女のいちばん感じる部分も、刺激したい。

ああ、想像しただけで胸がドキドキして、呼吸が荒くなってしまいます。

私は大胆にも、さっきととのえたばかりの遠藤さんのベッドに横になると、いそいそとはいていたズボンを脱ぎ捨てます。

すでにパンティのお股がぐっしょりになるほど、私の女性自身は準備万端でした。

恐るおそる、濡れそぼった下着の上から、バイブの先端をアソコに当てて……。

「あひぃっ！」

たまらず、悲鳴みたいな声が出ました。

軽く当てただけなのに、感電したみたいな、すごい感覚。

たまらなくなって、ぐしょぐしょのパンティ越しに、また割れ目に押し当てます。

「ああ――っ、なにこれぇっ！」

しびれるような心地よさです。

私ったら、人様のベッドの上ではしたなくお股を広げて、ますますバイブをぐりぐり、ぐりぐりしちゃいます。

最後は、お股の中でもいちばん敏感な、お豆のところに、じわじわとおもちゃを近づけます。

「あっ、ひいっ！　ああこれ、ダメぇっ！」

ちょっと触れただけでも、つい叫んでしまうくらいの気持ちよさです。私はもう取り憑かれたみたいに、バイブをクリトリスに当てつづけていました。

「あっ、やあっ、はああーんっ！」

一分もたたずに、私は腰をガクガクさせて、イッてしまいました。

想像もしなかったエクスタシーでした。でも、それで欲望が鎮まるどころか、ますます昂《たかぶ》ってしまったんです。

これ、中に入れたい……。

さっきからしくしくと疼いているおま○この穴に、このウネウネ動くいやらしいおもちゃを突っ込んでみたい。

もうガマンもなにもありません。私はもどかしくパンティを脱ぎ捨てると、大きく脚をひろげて、ブーンとうなりつづけるバイブを、おもむろに割れ目の中へとねじ入れていきます。

細かく振動する人工のペニスが、私の奥へ入ってゆきます。

「おっ、おっ、おほぉっ、んんーっ！」

ねっとりと濡れきった私の膣は、グロテスクなバイブを難なく根元まで呑み込んでしまいました。

体の内側からビンビンとくる刺激に、私は何度も舌舐めずりをしながら、いやらしく腰をうねらせていました。自分自身にピストンしてあげると、耐えられないほどの快感で、「あはあっ、おおおうっ」と世にも下品なヨガリ声が溢れ出てしまいます。

ああ、またイキそうっ。

私が目を閉じ、新しい快楽に身を委《ゆだ》ねきった、そのときでした。

「おやおや、ずいぶんとお楽しみですねえ、慶子さん」

なんと遠藤さんが、そこに立っていたのです。ニタニタ笑いながら、私の痴態を見おろしていました。

ああそんな……遠藤さんは、夕方まで帰らないはずなのに。私はびっくりして、そのまま固まってしまいました。おっぱいも、アソコも丸出しです。しかも、ブンブン動いている大きなバイブをお股の奥に突っ込んだままま。

「ああ、いや。み、見ないでくださいっ……！」

私はようやく我に返り、ベッドのシーツで体を隠そうとしました。しかし、遠藤さんの手がそれを止めるんです。

「いいじゃないか。あのアルバム、見たんでしょう？　見てのとおりぼくもスケベなことは大好きでね。よかったら、いっしょに楽しもうじゃありませんか」

「そ、そんな……困ります、私……」

反射的に拒絶してしまう私ですが、遠藤さんはかまわず、そんな私の上に容赦なくのしかかってくるんです。

あっ……遠藤さんの乾いた細い指が、私のお乳の先を、甘くくすぐります。

「おお、乳首こんなに硬くして。人のベッドでオナニーするなんて、慶子さんがこんな淫乱だとは知りませんでしたよ」

「ち、違うんです。私、淫乱じゃありません……これは、つい……あふぅんっ。いやあ」

指先で乳頭をつままれて、私は気持ちよすぎて思わずのけぞってしまいます。

「淫乱じゃないの？　どれ、ここを見せてごらんなさい」

遠藤さんは意地悪く笑うと、まだ私のアソコに埋まったままのバイブを、ゆっくりと引き抜いていくんです。

あっ、あっ。抜かれていく感じも、気持ちいいっ。

ずぽっと音を立てて抜けたおもちゃは、私の奥から沁み出たねばつくエッチな液でもうべとべと。遠藤さんったら、それを私の鼻先に見せつけるんです。

「ほら、こんなに大量のマン汁が絡みついて……こりゃあとんでもない淫乱マ◯コだ」

「ああ、いや……見せないで」

そこには、私の愛液と、白い恥垢が少しこびりついていて、そればかりかムッとするようなメスのニオイもただよって……恥ずかしさで死にそうでした。

「いいんですよ、ぼくはこういう淫乱な女性が大好きでね。ほら、これが欲しいんでしょう？　自分でもう一度入れてごらんなさい」

私は両手で顔をおおって、イヤイヤをします。

「で、できません。恥ずかしいっ。もう許して……」

「仕方ないね。じゃあ、ぼくがしてあげるよ」

遠藤さんは握ったバイブで、私の割れ目をぐにぐにイジメるんです。すぐには挿入しないで、割れ目の外側をじらすみたいにして。

「あっ、あうう、やぁん」

自分でするのも気持ちよかったけど、やっぱり人にしてもらう刺激にはかないません。ムズムズするような快感で、私はたちまち恥ずかしさも忘れて悶《もだ》えちゃうんです。

やがてバイブが、ずぶっ、ずぶってまた奥のほうへ入ってきます。

「ぐしょ濡れじゃないですか。この特大バイブが、らくらくと入ってしまいますよ」

あううっ。振動する器具が、さっきは触れなかった、奥の敏感なポイントにものすごく当たるんです。いままで知らなかった感覚です。

使い慣れたおもちゃを絶妙に操って、遠藤さんは、私の中をぐりぐり苛《いじ》めてくれます。

私ははしたなくベッドの上で股をひろげて、完全にいたぶられるままなんです。

「んひぃーっ、すっ、すごおいっ！　そ、そんなにされたら、イクッ！　私、イッちゃいますっ！　あーっ！　はあーっ！　ああああもうイクぅーっ！」

さっきオナニーでイキかけていたところに、遠藤さんの巧みな責めで、私はあっという間に昇りつめていきました。

もう、あとちょっとで、絶頂……ところがその瞬間、遠藤さんたら、意地悪するんです。

ぴたっとバイブの電源を切って、ズルッて私のおま○こから抜いてしまうんです。

イク直前におあずけされて、私はもう狂ったようにのたうち回ってしまいます。

「いやいやーっ、やめないでぇっ！　イカせてぇっ！　イキたいのぉっ！」

遠藤さんは、私のそんな卑《いや》しい姿に、ニンマリと笑みを浮かべました。

「まあまあ。もっとじっくり楽しもうじゃないですか。ほら、ぼくのも気持ちよくしてくださいよ」

そう言うと遠藤さんは、ズボンと下着をおろすんです。

紳士的な風貌からは想像もつかない荒くれた極太のおち○ぽが、ぼろんと私の鼻先に差し出されました。お歳のせいか、まだほとんど勃起はしていませんでしたけれど、見るからに長い間、何十人という女をヨガらせてきた業物という雰囲気です。

「ああ、すごい……とっても立派」

私はうっとりと遠藤さんのムスコさんに顔を近づけ、先っぽからていねいに、ぺろぺろ舐め回してあげます。若者みたいに生々しいオスのニオイはもうしないけれど、やっぱり独特のエッチな香りです。

久しぶりのおち○ぽを私はじっくりと味わい、やがてお口の中にゆっくりと咥えこんでいきます。

唇をすぼめて、お口の中の唾液をたっぷりと絡めるようにしゃぶらせていただくと、遠藤さんも満足そうな吐息を洩らします。それに合わせて、だらんとしていたおち○ぽもぐんぐん硬くなっていくんです。

うれしい。おち○ぽ、こんなにカチカチになって。

口の中で逞しく勃起していく男性自身の感触って、ほんとうに最高です。

「なかなかいいフェラですよ。ほら、ぼくのモノも、こんなにそそり立ってしまった」

遠藤さんは、すっかり若さを取り戻したアレを、私の前でゆらゆらさせて……。私は思わず、生唾を飲み込んでしまいます。

絶頂寸前でおあずけされた私のお股は、早くこれで貫いてほしくてウズウズしていました。ああ、早く……早く、これ、ください。

なのに遠藤さんは、まだ、焦らすんです。私をベッドに押し倒すと、まずおもちゃ箱から取り出した手錠で、私の両手首を頭の上で拘束します。手が動かなくなって、私はますます無抵抗になってしまいました。

それから遠藤さんは、たっぷり時間をかけて私の唇をちゅうちゅう吸ったり、乳首をバイブでなぶったりするんです。

これはこれで気持ちよくって、私はビクビク反応してしまいます。

「んふぅん……はあ……」

でも、やっぱりそれだけじゃ満足できなくって。私はもう、あの大きなおち○ぽのことしか考えられなくなっていました。

そんな私の欲求不満が手にとるようにわかるのでしょう。遠藤さんは嗜虐的《しぎゃくてき》な笑顔で、私の顔をじっと見おろすんです。

「どうしたんですか？　物足りなさそうな顔ですよ？」

「ああ、お願いです。あの……欲しいんです……」

私は恥を忍んで、直接おねだりします。

「何が欲しいんです？　ちゃんと言わないとわかりませんよ？」

「あの、あの……え、遠藤さんの……アレが……お、おち○ぽが……」

すると遠藤さんのアレが、私の入り口のところに、ちょん、ちょんて当たるんです。

「おち○ぽ、どこに欲しいんですか？　言ってごらんなさい」

私は遠藤さんにすがりつくように、必死で懇願します。

「ア、アソコに……私の、あの、ああ恥ずかしい……入れて、入れてください」

「もっとハッキリ言わないと、入れてあげませんよ」

もう私は極限まで欲情していて、ハァハァと喘ぎながら夢中で口走っていました。

「おま○こっ！　おま○こしたいのっ！　おま○こしてくださいっ！」

「旦那さんもお子さんもいるのに、こんな爺さんとそんなにおま○こしたいんですか。仕方ないドスケベさんですね。いいですよ。ほら、これが欲しかったんでしょ」

そう言うと遠藤さんは、とうとう私が焦《こ》がれに焦がれていたモノに、うんと力を込めてくださいました。

若者が勢い任せに突っ込んでくるみたいなやり方とは違って、野太い蛇がずりっ、ずりっと這い込んでくるみたいに、ゆっくりと遠藤さんのモノが入ってきました。

狂おしいくらいに焦らされつづけたところに、女を悦ばせ慣れた極太棒が、淫らに私の膣を満たしてくれるんです。

「あーっ、あーっ、これえっ！　これですぅっ！　あーっ、ひぐぅぅっ！」

おち○ぽの先っちょが奥の敏感なスポットに届いた瞬間でした。突然、腰が勝手にガクガクしてしまって……私、イッちゃったんです。

野太い勃起を私に納めたまま、遠藤さんがささやきました。

「おお、イッてしまったんですね。こうやって焦らして責めてあげると、女性はたいていこうなるんですよ、ククク。うーん、こうやってイキ締めしてくれる膣の圧力が男にとってはこらえられないんです。さあ、楽しいのはこれからですよ」

私の体内でますます怒張していくペニスを、遠藤さんはいよいよ動かしはじめます。

年輪を重ねた男性ならではでしょうか、突くというより、膣の内側を舐めるように、うねうね、ぐりぐりといやらしくうごめかせるんです。

ただでさえイッたばかりで過敏になっている私の粘膜に、こんな刺激をされたら、もうとても耐えられません。

「あひぃーっ！　ダメっ、許してくださいっ！　いま、そんなにされたら……そんなにおち○ぽ動かさないでぇっ！」

　叫びながら身悶えぎする私をしっかりと抱え込むようにして、遠藤さんの腰使いはますます卑猥になっていきます。

　上下に、左右に、ときには大きく、ときには細かく。遠藤さんは極太棒を自在に動かして、女の内側のツボを責め立てるんです。

「ほうら、こうすると気持ちいいでしょう？　ここはどうです？」

「おおぉんっ！　そ、そこ弱いのおっ！　ああーっギモヂいいですぅっ！」

　それは女の弱点を知り尽くしたようなピストンでした。私が初めて体験する、ねっとりとしたテクニックです。

　しかもそれが、長くずっと続くんです。

　じきに私は、二度目の絶頂を迎えようとしていました。

「またっ、またイグっ！　おま○こすごいっ！　死ぬぅっ！　おま○こ死ぬぅっ！」

「おおっ、さらに締まってきましたよ、慶子さん。ううーん、ぼくもそろそろ達してしまいそうだ。男のエキスをたっぷり注いであげますよ。慶子さん、久しぶりでしょう？」

　遠藤さんも、出し入れのペースをどんどん速めていきます。私は気づかないうちに両脚を遠藤さんの腰に絡みつけ、シーツを引きちぎらんばかりに悶絶《もんぜつ》していました。

「ちょうだいっ！　おま〇こにいっぱいくださいっ！　ひっ、ひぃぃっ！　ああーっ、イカせてっ！　おち〇ぽでイカせてくださいっ！　私も……私もイギますぅーっ！」

最後に糸を引くような叫び声をあげて、私は思いきり果ててしまいました。おち〇ぽを咥えた膣がビクビクと痙攣して、その快感で頭がどうにかなっちゃいそうでした。

遠藤さんもうれしそうに息を吐いて、同時におち〇ぽから熱いこってりしたものがピュウッと出ているのがわかりました。

何十年も忘れていた、種つけされちゃうこの感覚に、私はえも言われぬ幸福を感じました。夫も子どももいる身なのに、仕事先で出会った他人とセックスしただけなのに。どうしてこんなに満たされちゃうのかしら。

自分の中にこんな淫乱な女が眠っていたなんて……。それ以来、私は遠藤さんのお宅で頻繁にお楽しみをさせていただいてます。ときには野外で、ときにはＳＭ、ときにはお尻を開発されたり。そして私のそんな痴態もまたカメラで撮影されて、遠藤さんの秘密のアルバムにコレクションされているんです。

シングルファーザーに母性本能を刺激されて秘密の変態プレイを楽しむエロ美人保育士

長谷川直子　保育士・三十七歳

三十七歳、既婚で子どもがいない私は、ずっと好きな仕事をしています。それは保育園の保育士です。

気がつけば、もう十七年もやってるので、そろそろ周りからはベテランと言われる時期かもしれません。人からはよく、一日中ずっと子どもの相手をしているのは大変だねと言われるのですが、そのへんはもう慣れました。

子どもはかわいいものです。もともと子どもが好きだから、この仕事を選んだのです。だから、それが苦になったりすることはありません。

保育士の仕事でいちばん大変なのは、保護者とのつきあいです。親はいろんなことを言ってくるし、文句を言われたりグチを聞かされたり、ともかくちゃんと相手をしなければなりません。中にはモンスターペアレンツもいて、自分の子どもだけ特別扱いしろみたいなことを平気で言い出します。

この人ちょっと苦手だなあという親はたくさんいます。その気持ちが子どもに反映しないようにがんばっていますが、保育士も人間なので、そのへんがちょっと難しいときもあります。

親とのつきあいがなかったら、この仕事がもっと好きになれるのに。

周りの保育士たちは、みんなそう言います。私も同感です。

ただし、いいこともあります。私はいま、保育士という立場を利用して、とてもおいしい思いをしているのです。どうしても誰かに自慢したくて、いま、こっそり内緒でこれを書いています。

私の受け持ちのクラスに、シングルファーザーの子がいます。男の子なのですが、そのお父さんがスッキリ系のかなりのイケメンで、私好みの男性です。いま、私はその人と男女の関係を持っているのです。

そのお父さん、浜崎《はまさき》さんは、私よりも五つ年下で、ほかの保育士たちからも注目されています。奥さんの浮気が原因で離婚したとかで、いまはどこかの商社に勤務しながら一人で子育てしています。

浜崎さんはとてもいい人で、ほかの保護者のように何の問題もなく、私たちにひたすら感謝の気持ちで接してくれます。そんなところもすごく好感が持てます。もしも私が独身だったら、絶対に猛アタックしていただろうなあと常々思っていました。

でも、そのうち我慢できなくなってしまい、どうにかして彼を落とせないだろうかと考えるようになりました。いけない保育士、そしていけない人妻です。

やがてチャンスがやってきました。

二カ月くらい前のことですが、彼の子どもの直紀《なおき》くんが熱を出してお休みすることになったのです。昼間はちょっと遠くに住んでいるおばあちゃんが面倒を見にくるそうですが、おじいちゃんのほうが寝たきりなので夜はどうしても帰ってしまうとか。

それを知った私は、べつに頼まれてもいないのに、仕事帰りに浜崎さんのマンションに寄りました。もちろん、熱のある子どもと二人きりになるのは不安だろうと思い、様子を見にいったのですが、でもそれは言いわけです。下心がなかったといえばウソになります。

ともかく浜崎さんのマンションで浜崎さんと二人きりになれる、それだけでドキドキしました。昼間は保育士の仕事をして、家に帰れば夫の面倒を見る、それを繰り返すだけの毎日の中に、突然現れたオアシスのような時間になればいいなと思ったのです。

最初は浜崎さんもビックリしてましたが、直紀くんの様子を見て、着替えさせてあげたり、薬を飲ませたりしていると、うれしそうな顔をしてくれました。

「やっぱり、うちのおふくろよより頼りになりますね。来てもらえてよかったです」

「そう言ってもらえると、私も来たかいがありました」

それがきっかけで、翌日も、その次の日も寄るようになりました。そして次の日には晩御飯を作って二人で食べたのです。いっしょにテーブルについたときには、浜崎さんもちょっと意外そうな顔をしてましたが、「たまには誰かと晩御飯食べるのも悪くないでしょう」と言うと、浜崎さんも笑ってくれました。

そんなふうに私たちは短い間に急接近しました。直紀くんの病気が治ってからも、私はいそいそとマンションに向かいました。そして直紀くんを先に寝かせてから、二人で晩御飯を食べたりするようになったのです。

正直、私は有頂天になってました。旦那には申し訳ないけど、浜崎さんの奥さんになった気分でした。旦那と違って、私の料理をおいしいおいしいと言って食べてくれる浜崎さんの顔を見てるだけで、私はとても幸せでした。

そのうち浜崎さんのほうも、私がマンションに寄るのがあたりまえのこととして受け入れてくれるようになりました。

でもいま思えば、私の体の中で、それ以上のよこしまな欲望がふくらんでいったのはまちがいありません。毎日のように浜崎さんと夕食をともにし、直紀くんの面倒を見てるうちに、どうしても浜崎さんとそれ以上の関係になりたくなったのです。

そしてある日、夕食のあとなにげなく言ってみました。

「お風呂入ったらどう？」

浜崎さんはちょっとビックリした顔をしましたが、「わかりました」とニッコリ笑ってバスルームへ向かいました。ほんとうに夫婦みたいですっかり舞い上がってしまった私も、しばらくして後を追いました。もちろん直紀くんはグッスリ眠っているので朝まで起きることはないはずです。

バスルームのドアの前に立って、ああ、この向こうに全裸の浜崎さんがいるんだと思うと、それだけで体がゾクゾクしてアソコがほてってきたのを覚えています。

「背中、流しましょうか」

あたりまえのように入っていくと、浜崎さんなさすがにドキッとした顔をしてとまどっていました。それでも「はあ」とか言いながら素直にバスタブから出てくると、タオルで前を隠したままで座りました。浜崎さんの体をじっくり鑑賞しながら背中を洗っていると、すごく緊張してるのがわかりました。

かわいい。夫以外の男性の裸体を見て、触れるのは、結婚以来初めてです。もうほんとうにムラムラしてしまって、そのまま浜崎さんの首筋から背中にキスして舐め回したくなりました。

「さあ、今度は前よ」

奥さんになったつもりで、なるべくサラッと言いました。自分が既婚の保育士だということはすっかり忘れていました。完全に一人の女になっていました。

「え？　ま、前ですか？」

かなり驚いてる浜崎さんを無理やり立たせました。しゃがんでる私の目の前に、浜崎さんの股間がありました。タオルをかけているのですが、そのタオルがピンと盛り上がっています。

「あら、どうしてこうなったの？」

わかっていながら、私はわざと意地悪して尋ねました。

「いや、その、だって、こんなの想像してなかったし」

かわいい。しどろもどろの声を聞きながら、股間のタオルを引っぱって下に落としました。とたんに、太いペニスが目の前で勢いよくビュンと跳ねました。

「あらあら、こんなに元気になっちゃって、いやらしいイチモツね」

わざと下品な言い方をすると、その男性器がピクンと震えて反応しました。

「す、すみません、勝手にこうなっちゃって」

「いいのよ、男なんだから当然です。ていうか、私の前でこうなってくれて、こっちがうれしいくらいよ。ねえ、これ、最近使ってるの？」

完全に皮が剝けて立派なカリが剝き出しになった男性器を見ながら、大胆な質問をしてみました。

「いや、使ってないです、離婚してからは全然、まったく」

「あら、もったいない、こんなに立派なイチモツなのに。じゃあ、一人で？」

「は、はい、ときどき一人で……」

「まあ、かわいそう。一人でこすって精液ピュッピュしてるのね、こんなふうに」

「あっ」

私は目の前のペニスを握り、そしてゆっくりしごきました。浜崎さんの腰がガクリと揺れました。すごく感度がよさそうです。

「どうしたの？　気持ちいいの？　もっと感じていいのよ」

子どもをあやすように言いながらしごくと、浜崎さんは体をくねらせながら感じまくっています。先端の穴からヌルヌルした液が出てきたので、それを亀頭にまぶすように塗り広げると、ますます大きな声をあげてきました。

「これいいの？　気持ちいいのね。この立派な亀頭、ほら、あなたの我慢汁でヌルヌルに光ってるわよ。えらいのね、こんなにいっぱい我慢汁出しちゃって。もっと声出していいのよ、ほらほら」

夫のモノの倍以上もありそうな男性器をしごき上げると、浜崎さんはやがて、「ああ、もうダメです、出ます」と言いながら腰を突き出してきました。

「いいのよ、出しなさい、思いきりピュッピュしなさい」

激しくしごき上げると、ついに浜崎さんは大きな声をあげながらガクンと腰を突き上げるようにして、その瞬間、男性器から勢いよく精液が飛び出ました。私の目の前をかすめて飛んだ男の汁は、ものすごく量が多くて生臭い匂いがしました。

「えらいねえ、こんなにいっぱい出して、どう？　気持ちよかった？」

「す、すみません……まずいですよね、こんなこと」

「だって若い男性なんだもん、あたりまえのことですよ、気にしないで」

「でも、その、あ、ダメ、もっと出る、ああ、ごめんなさい」

浜崎さんはなおもわけのわからないことを言いました。なんだろうと思ったとき、私が握ったままの男性器から、さっきとは違う液体がほとばしり出ました。

「あらあら、おしっこしたの？　いっぱい出てるねえ、全部出していいのよ、おしっこシャーシャーしなさいね」

なぜか目の前で全裸のまま放尿してる浜崎さんの姿を見て、私はもう我慢できなくなりました。浴室の中には、精液とおしっこの混じった男臭い匂いが充満しています。射精だけでなく放尿までさらしてしまった浜崎さんが、とてもいとしくなった私は、興奮して肩で息をしながら、それを咥えてきれいにお掃除しました。口の中いっぱいに広がる精液とおしっこの匂いを感じながら、舌先で先端の穴をチロチロと舐めまくりました。

浜崎さんは、あうあうと声を洩らしながら膝をガクガク揺らしました。そんなことをしていたら、もう私のほうも我慢できなくなり、その場で服を脱いで裸になりました。

「ああ、せ、先生……」

「だって、エッチな姿見てたら先生もエッチになっちゃった。ねえ、今度は先生のこと見てて。あなたと同じことするから、お願い、よく見てて」

私は浜崎さんの目の前で、足を広げ、少しガニ股になりました。尿意がそこまできていたのです。浜崎さんは私のアソコをのぞき込むようにしていました。そのいやらしい視線に舞い上がった私は、下半身の力をフッとゆるめました。

「見て、出るわよ、先生のおしっこ見て」

恥ずかしい音とともにバスルームの床に思いきりおしっこしました。興奮しているせいか、ものすごい勢いで飛んでいます。恥ずかしいけど、浜崎さんはギラギラした目で食い入るように見つめているので、もっと太ももを広げました。

「すごい、先生のおしっこ、黄色くていっぱい出るんですね」

「言わないでよ、恥ずかしい。こんなの主人にも見せたことないのに」

やがて全部出し終えると、アソコをグイと突き出しました。

「ねえ、お願い、舐めてきれいにして。先生がおしっこしたばっかりのアソコ、きれいにお掃除してくれる？」

「はい、お掃除します、先生！」

浜崎さんは床に跪き、股間に顔を埋《うず》めて舐めてきました。舌が尿道やクリトリスを舐め回し、陰唇を刺激してきます。ああ、あこがれの浜崎さんがおしっこで濡れてる女性器を舐め回してる。そう思うと体から力が抜けて、どんどん足が広がっていきました。保育士とは思えない恥ずかしいガニ股ポーズでアソコを舐められてると、もういままで溜まっていた欲望が全部爆発してしまいそうでした。

気がつくと、さっき射精と放尿した浜崎さんのイチモツは、すっかり回復して大きく反り返っていました。すごい、若いってすばらしい。

私は浜崎さんを立たせて、そのイチモツにむしゃぶりつきました。

「ああ、私のおしっこ姿を見てまたこんなに勃起させちゃって」

「だ、だって、いやらしすぎます。我慢できません」

「いいわよ、いっぱい感じてね。また出したくなったら、思いきりピュッピュしてね」

先端から竿、タマタマをしゃぶり回し、タマを持ち上げてアナルのほうにも舌を這わせました。浜崎さんはどこを舐めても敏感で、上擦った声をあげて反応してくれるので、私もますますやる気が出てきます。

「ああ、こんなところも感じるなんて、エッチな子でちゅねえ」

舌先を硬くとがらせてアナルに突っ込みながらイチモチをしごき上げると、アナルはヒクヒク動いて舌を呑み込もうとします。若い男の体ってこんなに貪欲なんだなあとあらためて思いました。

浜崎さんをバスルームの床にあおむけにすると、私はシックスナインの格好になりました。そんなことするのは何年ぶりでしょうか。自分の恥ずかしい部分が浜崎さんの目に全部さらされてると思うと、もうそれだけで愛液が垂れてきそうでした。

「さあ、先生のアソコ、ペロペロできるかなあ？　やってごらん」

そう言うと浜崎さんはアソコに顔を埋め、両手で広げるようにして舌を這わせてきました。クリトリスを剝き出しにして吸いついたかと思うと、ビラビラを広げて中のほうまで舌を入れ、音をたてて愛液をすすってきました。

「ああ、じょうずよ、すごくいいい、先生、感じちゃうよお」

さらに浜崎さんは舌先でアナルを舐め回し、さっきのお返しとばかりにお尻の穴にまで舌先を突っ込んできました。恥ずかしいけど、それをされるとすごく興奮してしまいます。思わずふくよかなお尻を浜崎さんの顔に押しつけてしまいました。

「いい子ね、先生のおま○こもお尻の穴もそんなにエッチにナメナメして、先生もう、すごく感じちゃってるよ」

私のほうも目の前のイチモチをつかみ、舐め上げました。お互いに舐めっこするって、すごくエッチです。こんなワイセツなことしてると思うだけで、私は頭の中がまっ白になってしまうのです。何年間も溜まっていた欲望を一気に吹き出させるようにして、目の前のペニスを味わいました。さっき射精したばかりなのに、それはもう先端からエロいオツユを溢れさせて、私のことをますます淫らに誘ってきました。ハメたい、入れたい、挿入したい、そんな声が聞こえてくるようでした。

「そろそろ、先生の中に入れたいかな?」

「え？　いいんですか？」

浜崎さんが驚いた声をあげました。

「いいのよ、だって、あなたのここ、もう我慢できないみたいよ。入れたいなら入れたいって言ってごらん。先生、正直な子が好きだな」

完全に保育士モードになってそう挑発しました。自分でも不思議なくらい興奮してました。といっても、目の前にあるイチモツは立派にそそり立っていて、子どものものとはくらべものになりません。

「せ、先生、入れさせてください」

浜崎さんが甘えた声をあげたので、思わずキュンとなってしまいました。

「いいわよ、この立派なイチモツ、先生のおま○こに入れてみましょうね」

私は体の向きを変えて、浜崎さんに馬乗りになりました。そして硬いペニスを握りしめると、アソコにあてがい、そのままグッと腰を落としました。

久しぶりに味わう若い男のイチモツの圧迫感が、体の中に一気に広がったのをはっきり覚えています。男性器を女性器に挿入されるってこんな感じだったんだと思いました。中がジンジンして、自分の体温が何度か上がったような感じがしました。

「すごいのね、あなたのイチモツ。すごく力強いわよ」

「先生のアソコもすごい締めつけです。ちぎれそうですよ」

「ほんと？　そう言われるとうれしいな。ほら、もっと締めてあげるね」

アソコに力をこめると、浜崎さんはせつなそうな顔をしてうめき声を洩らしました。

私たちひとつになってるなあという気がして、すごく幸せでした。

「いい？　動くわね」

私はゆっくりと腰を振りました。その硬さと熱さをアソコで味わいながら、前後左右に動いたり、お尻を振ったりしました。動き方を変えるたびに浜崎さんの声や表情が少しずつ変わります。そんなふうに反応してくれてるのが、なんだかうれしくて、もっともっと感じさせてあげたくなりました。

腰をいやらしく動かしてイチモツを責めながら、浜崎さんの顔におっぱいを近づけました。Dカップの自慢のおっぱいです。

「ほら、吸って。おっぱいチュウチュウして。好きでしょ？　おっぱい」

「好きです、先生のおっぱい、一度でいいからチュウチュウしたかったです」

浜崎さんは下から両手で乳房をわしづかみにして、乳首に吸いつき、舌で転がしました。自分の顔をおっぱいにはさんで、その感触を味わったりもしました。

「すごい、先生のおっぱい、柔らかくていやらしいです」

「もっと味わって、私のおっぱいを弄んでいいのよ。ほら、デカいイチモツもたくさん気持ちよくしてあげるからね」

腰をグイグイ動かすと、うわずった声を洩らしながら両方のおっぱいを夢中でもみまくり乳首を舐めまくる浜崎さんの顔は、もう無邪気な子どもみたいでした。

「ああ、もっとエッチになっていいのよ。ほら、先生のおま◯こもいいでしょう？　あなたのイチモツを咥えこんで、エッチなオツユ垂らしてるおま◯こも、いっぱい感じてね。あなたの立派なイチモツをたくさん責めてあげるからね」

腰を浮かして沈めて、それを繰り返して上下運動すると、もう浜崎さんは息も絶えだえになり、いまにもイッてしまいそうな声になりました。

「どうしたの、イキそうなの？　ピュッピュしそうなの？」

「はい、出そうです、出していいですか？」

「あらあら、エッチな子ね。じゃあ、先生のお口に出してくれる？　先生が全部飲んであげるからね」

「は、はい。先生の口の中に出したいです」

「ああ、かわいい」

私はひとしきり動くと体を離し、浜崎さんのそれを咥えました。そして根元から思いきりこすり上げました。

「あああ、せ、先生、出る、出るううう」

男性のそんな大きな声を聞くのは初めてでした。そして次の瞬間、口の中には熱いものが広がって、生臭い匂いが鼻を刺激しました。すごく大量の精液でした。二回目なのに、すごい。もちろん私は全部飲んでしまいました。舌でも喉でも味わって、その味だけでまたイッてしまいました。

終わったあとは、さすがに二人とも照れくさくて、まともに目を見ることができませんでした。それでも次の日になると、我慢できなくてまたマンションに行ってしまいました。私はほんとうにいけない保育士です。

それ以来、私は浜崎さんの一夜妻になっています。もちろん仕事もいままでどおり熱心にやっています。だって、誰にも言えない秘密の楽しみができたから、仕事にもつい熱が入ります。この仕事を始めてよかった。最近はつくづくそう思っています。

◉読者投稿手記募集中！

素人投稿編集部では、読者の皆様、特に女性の方々からの手記を常時募集しております。真実の体験に基づいたものであれば長短は問いませんが、最近のSEX事情を反映した内容のものなら特に大歓迎、あなたのナマナマしい体験をどしどし送って下さい。

●採用分に関しましては、当社規定の謝礼を差し上げます（但し、採否にかかわらず原稿の返却はいたしませんので、控え等をお取り下さい）。

●原稿には、必ず御連絡先・年齢・職業（具体的に）をお書き添え下さい。

〈送付先〉
〒101-8405
東京都千代田区神田三崎町２－18－11
マドンナ社
「素人投稿」編集部　宛

◉新人作品**大募集**◉

マドンナメイト編集部では、意欲あふれる新人作品を常時募集しております。採用された作品は、本人通知のうえ当文庫より出版されることになります。

【応募要項】未発表作品に限る。四〇〇字詰原稿用紙換算で三〇〇枚以上四〇〇枚以内。必ず梗概をお書き添えのうえ、名前・住所・電話番号を明記してお送り下さい。なお、採否にかかわらず原稿は返却いたしません。また、電話でのお問い合せはご遠慮下さい。

【送 付 先】〒一〇一‐八四〇五 東京都千代田区神田三崎町二‐一八‐一一 マドンナ社編集部 新人作品募集係

素人告白スペシャル《しろうとこくはくすぺしゃる》 働く人妻《はたらくひとづま》 夜の出勤簿《よるのしゅっきんぼ》

編者◉素人投稿編集部【しろうととうこうへんしゅうぶ】

発行◉マドンナ社
発売◉二見書房
東京都千代田区神田三崎町二‐一八‐一一
電話 〇三‐三五一五‐二三一一(代表)
郵便振替 〇〇一七〇‐四‐二六三九

印刷◉株式会社堀内印刷所 製本◉株式会社村上製本所 落丁・乱丁本はお取替えいたします。定価は、カバーに表示してあります。

ISBN978-4-576-20087-3 ◉Printed in Japan ◉© マドンナ社

マドンナメイトが楽しめる! マドンナ社 **電子出版**(インターネット)……https://madonna.futami.co.jp/

Madonna Mate